HISTOIRE
CHRONOLOGIQUE
DU VÊTEMENT
(HOMME)

OU

JADIS ET AUJOURD'HUI

SUIVIE DE

L'ART DE SE VÊTIR
AU XIXe SIÈCLE

PRIX : 50 CENT.

PUBLIÉE PAR LA
MAISON DES PHARES DE LA BASTILLE
PLACE DE LA BASTILLE, 5 et 7
AU COIN DE LA RUE SAINT-ANTOINE
PARIS

1873

HISTOIRE
CHRONOLOGIQUE
DU VÊTEMENT
(HOMME)

OU

JADIS ET AUJOURD'HUI

SUIVIE DE

L'ART DE SE VÊTIR
AU XIXe SIÈCLE

PRIX : 50 CENT.

PUBLIÉE PAR LA
MAISON DES PHARES DE LA BASTILLE
PLACE DE LA BASTILLE, 5 et 7
AU COIN DE LA RUE SAINT-ANTOINE
PARIS

AVANT-PROPOS

L'histoire que nous entreprenons est riche de faits et d'enseignements, et nous avons pensé être tout à la fois utile et agréable aux lecteurs de tout âge, de toutes professions, en la faisant. Notre tâche est grande, nous ne nous le dissimulons pas.

Peu importe.

Cependant, que le lecteur se rassure ; nous ferons l'histoire du vêtement, mais dans une certaine limite.

Nous laisserons de côté tout ce qui ne nous paraît pas absolument nécessaire de connaître et qui donnerait à ce modeste petit livre des proportions qui lui sont interdites.

Nous commencerons par nos premiers pères, puis nous passerons en revue la Grèce, Rome, la Gaule conquise, les Francs et enfin les Français sous les différentes races.

Hâtons-nous de dire que nous ne nous occuperons que des costumes d'hommes. Cent gros in-folio suffiraient à peine, s'il nous fallait parler des costumes des ajustements des femmes, qui ont toujours ten essentiellement à la mode, ce tyran capricieux et bi zarre auquel, en tout temps, à toutes les époques, l femmes ont obéi et obéiront toujours.

Dépasser le but n'est pas l'atteindre ; nous seron concis, surtout bien renseigné, instructif toujour amusant le plus possible.

HISTOIRE DU VÊTEMENT

I.

SOMMAIRE : — La Chute de l'Homme. — Le Vêtement primitif. — Les patriarches. — Un mot de l'Ecriture. — Le Byssus. — Des Coiffures. — Les temps héroïques et historiques. — La Civilisation et le Luxe. — La Pourpre. — Les Athéniens. — La Chiène et la Chlamyde. — Sapho. — Aristophane. — Hommes libres et esclaves. — La Chaussure. — La première fabrique de Tissus. — Les Couleurs.

« 6. — La femme donc, voyant que le fruit de l'ar-
» bre était bon à manger, et qu'il était agréable à la
» vue, et que cet arbre était désirable pour donner
» de la science, en prit du fruit et en mangea, et en
» donna aussi à son mari, qui était avec elle, et il
» en mangea. »
« 7. — Et les yeux de tous deux furent ouverts et
» ils connurent qu'ils étaient nus ; et ils cousirent
» ensemble des feuilles de figuier, et ils s'en firent
» des ceintures. »

(*Genèse*, CHAP, III.)

Il est donc inutile de parler du costume avant le péché, puisque c'est ce même péché qui motiva le costume, costume, il est vrai, des plus primitifs ! la nécessité de se vêtir, tant pour suivre les préceptes de la morale, que pour se garantir des intempéries, et, comme en ce temps on ne connaissait pas encore les moyens de tisser les étoffes, nous devons en conclure que nos premiers parents durent se vêtir de la dépouille des animaux ; ce furent des peaux d'agneaux, de brebis, qui constituèrent les premiers vêtements.

Nécessité est mère de l'industrie. Plus tard, les hommes comprirent que la laine des brebis pouvait être astreinte à certaines manipulations; on tondit les troupeaux ; les femmes en filèrent la laine, et, avec des métiers des plus primitifs, on fit des tissus qui servirent à confectionner des vêtements. L'Ecriture en parle souvent dans l'histoire des premiers âges.

Quoi qu'il en soit, on ne peut déterminer d'une façon très-précise quand commença le vêtement complet.

Arrivons de suite aux patriarches. Malgré ce qu'on en a dit, ***Maillot l'historien*** prétend qu'on n'a aucune notion positive sur la forme de l'habillement des anciens patriarches ; il y a néanmoins certaines règles de convention auxquelles les plus grands maîtres ont su se conformer.

Raphaël, Mignart, Lebrun, et surtout le ***Poussin*** sont les guides les plus sûrs que nous ayons eus à cet égard. Leurs tableaux, leurs dessins, aussi bien que les gravures qui ont été faites successivement, doivent être l'objet des méditations de l'artiste jaloux de se faire une réputation. Dans les peintures du Vatican les patriarches sont représentés avec une tunique ou robe à manches plus ou moins longues, blanche ou d'un jaune pâle, faite de lin ou de laine. Les rois de Judée portaient une robe blanche et un manteau de pourpre, avec le sceptre, la couronne et l'anneau ; le trône était magnifique ; l'Ecriture dit que Salomon s'en fit construire un en or et en ivoire. Le *Prince*

Asmonéen, qui réunissait à l'autorité souveraine la dignité de grand-prêtre, portait une longue tunique sous l'*Ephod pontifical ;* son bonnet haut de forme, était d'une étoffe précieuse, enrichi de lames d'or.

Ici nous ferons remarquer aux lecteurs, pour éviter la confusion, que nous abordons notre sujet au moment où les hommes connaissaient déjà les matières utiles et précieuses : le fer, l'or, l'argent, puis des moyens de tissage, de teinture, puisque l'Ecriture parle de la pourpre sur laquelle nous reviendrons.

L'habillement des Juifs consistait en une tunique, une robe et un manteau. La robe avait les manches longues et descendant jusqu'aux talons ; elle se serrait par devant et se ceignait sur les reins avec une ceinture de toile ou de lin ; on relâchait cette ceinture quand on était en repos, et on la resserrait pour marcher ou travailler.

C'est sans doute de cet usage que tire son origine cette locution familière de l'Ecriture :

Lève-toi , ceins tes reins.

Les vêtements de cette époque étaient ordinairement de lin ou de laine, et la loi défendait de mêler ensemble les deux étoffes. On faisait encore usage de *byssus*, qui était une espèce de tissu soyeux, de couleur jaune, qu'on recueillait autour de certains coquillages. D'autres historiens prétendent que le *byssus* était une espèce particulière de lin ; on manque de renseignements à cet égard ; cependant nous serions disposé à pencher pour cette dernière hypothèse, en ce sens que ce qu'on pouvait trouver sur certains coquillages ne pouvait être qu'une mousse manquant complètement de qualités textiles. L'étoffe avec laquelle on faisait les tuniques était appelée *Sidon*. Ces vêtements se portaient en dessous et la nuit, ce qui ferait supposer qu'ils tenaient lieu de chemises, ou enfin ce que nous nommons linge de corps.

Nous avons vu plus haut que les anciens connaissaient déjà l'art de teindre les étoffes ; nous en trouvons une preuve, puisque nous voyons dans l'histoire que les couleurs les plus usitées étaient le *pourpre*, le *violet*, quoique cependant on leur préférât le blanc, ce qui faisait dire à Salomon :

Que ses vêtements soient blancs en tout temps.

Les gens des hautes classes de la société portaient des robes de diverses couleurs ; elles étaient en outre enrichies de ceintures à boucles d'or et d'argent, souvent incrustées de pierres précieuses ; de plus, ces robes étaient, par le bas, richement brodées.

L'ardeur du soleil, dit *Maillot*, força les peuples de l'Asie à se couvrir la tête ; la coiffure ordinaire des Juifs était un bonnet de toile blanche, à peu près semblable à un turban, et l'on constate un fait, c'est que de tout temps les vêtements, soit dans leurs formes soit dans le choix du tissu, étaient toujours confectionnés de façon à les faire tributaires des lois hygiéniques ; le climat, les saisons, devaient inévitablement avoir de l'influence sur la forme des vêtements. Chez les Juifs, on allait ordinairement nu-pieds dans les maisons ; on ne se chaussait que pour sortir ; on se servait alors d'une chaussure faite de peau de bœuf, fort épaisse, qui couvrait tout le pied et attachée à la jambe par des cordons faits également de peau. Nous ne suivrons pas le costume judaïque dans son passé ; il resta le même, ne subissant de changements que dans la richesse des étoffes et des ornements.

Dans les temps passés, nous comptons les temps héroïques et les temps historiques.

Avant l'âge de *Thésée* et de *Minos*, dans la personne desquels commencent les siècles héroïques, la Grèce était barbare et sauvage, comme l'ont été presque tous les peuples dans les premiers temps. *Les habitants des pays que nous appelons maintenant la Grèce*, dit Thucydide au commencement de son histoire, n'avaient anciennement pas de séjour stable ; ils étaient nomades et abandonnaient sans regrets tel ou tel emplacement qu'ils avaient choisi pour y séjourner, quand ils en étaient chassés par de plus forts. De ce qui précède, il est facile de conclure que les costumes, les vêtements étaient des plus primitifs. Mais quand la Grèce finit par constituer une nation, un peuple ayant son chef, ses lois, ce fut tout autre chose : c'est là que nous arrivons aux temps historiques.

Sciences, arts, philosophie, tout prit naissance, et l'histoire nous dit que le peuple grec ne tarda pas à prendre une marche ascendante dans la civilisation. Cependant le genre de coiffure et d'habillement, dans les commencements des temps historiques, étaient à peu de choses près les mêmes que du temps d'*Homère*.

Nous observerons ici que les héros, et surtout ceux qui sont antérieurs à la guerre de Troie, sont représentés presque toujours nus, ou simplement couverts d'une peau de bête féroce, suspendue à leurs épaules ; c'était moins peut-être un vêtement qu'une preuve de leur force et de leur courage.

Hercule est représenté couvert de la peau du lion de Némée.

Vint enfin la civilisation qui apporta avec elle le goût du luxe. C'est alors qu'on vit les Athéniens se vêtir de pourpre, sous laquelle ils portaient des tuniques de diverses couleurs. A l'origine, les Spartiates portaient aussi une simple tunique rouge. Une chose digne de remarque, c'est que, de tout temps le rouge domina dans les vêtements des anciens peuples; et il est à présumer que ces peuples, soldats et conquérants, adoptaient le rouge, sans doute pour la même raison que de notre temps les peuples civilisés ont adopté, pour les troupes, le rouge qui sert à cacher la vue du sang.

La couleur pourpre a joué un rôle assez important dans l'histoire des vêtements pour que nous ayons cru intéressant d'entrer dans quelques détails au sujet de cette couleur brillante et tapageuse.

La pourpre, chez les anciens, était tirée d'une coquille univalve qui vit dans différentes mers, et à laquelle ils avaient donné les noms de *Murex* ou *Buccinum*. Comme nous l'avons dit plus haut, la connaissance de cette couleur remonte aux temps les plus reculés ; chez les Hébreux, on la remarque parmi les ornements des grands-prêtres et du Tabernacle. La pêche de la *Murex* se faisait sur les côtes d'Afrique, de la Grèce, de la Phénicie et sur différents points de la Méditerranée. Cette couleur devint ensuite plus spécialement destinée à la royauté. Les plus grands seigneurs portaient aussi des robes de pourpre, mais d'un rouge moins éclatant. Les Tyriens excellaient dans l'art de teindre les étoffes en pourpre ; les poètes l'ont célébrée. La beauté et a rareté de cette couleur l'avaient rendue propre au aste des rois d'Asie, aux empereurs romains et aux premiers magistrats de Rome. Il existait dans tout l'Empire romain, au commencement de l'ère chrétienne, neuf teintureries en pourpre, dont la direction était une des grandes dignités de l'Empire. La principale de ces teintureries était à *Narbonne*, dont on a trouvé des vestiges en 1810. La pourpre valait à peu près trois cents francs de notre monnaie le demi-kilogramme. Aujourd'hui on trouve encore, dans les mers des Indes Occidentales, un poisson à coquille, de la bouche duquel on tire une couleur pourpre qui n'est pas inférieure à celle des anciens. Les Antilles françaises ont aussi leur pourpre marine. De nos jours on obtient cette couleur, et à meilleur marché, au moyen de la cochenille.

Nous revenons aux costumes des Athéniens.

Donc ces derniers et, plus tard, tous les peuples de la Grèce portaient la *Chlène*, espèce de manteau très-riche ; outre ce manteau, ils en portaient un autre appelé *Chlamyde*, dont *Ammonius* fait la description suivante :

La Chlamyde, dit-il, *est un vêtement de héros, et la Chlène est particulière aux Macédoniens.*

Le nom de *Chlamyde* ne remonte pas à plus de six cents ans après les temps héroïques. *Sapho* fut la première à en faire usage ; elle diffère de la *Chlène* par la forme, quoiqu'il y ait entre ces deux vêtements quelque analogie. La *Chlène* est *tétragone*, tandis que la *Chlamyde* se termine, en bas, en forme circulaire, avec des franges très-éloignées les unes des autres. Ce vêtement, court et étroit, était particulièrement propre aux guerriers ; il se plaçait en couvrant l'épaule gauche, et pendait à droite afin de ne pas gêner en marchant.

A Athènes, les jeunes gens de la ville qui composaient la garde civique, pour s'accoutumer aux fatigues de la guerre, portaient la *Chlamyde*, qui, à cette époque, était de couleur noire, jusqu'au moment où l'orateur ***Hérode Atticus***, homme riche et prépondérant, fit comprendre que la couleur blanche, pour la *Chlamyde*, était de beaucoup préférable.

Pourquoi ce changement et cette préférence d'une couleur à une autre ? L'histoire ne le dit pas, et cependant il devait y avoir une raison.

Peut-être la mode commençait à comprendre le rôle qu'elle était appelée à jouer dans les temps futurs.

Le Trésorier des Athéniens, selon *Aristophane*, dans ses *Cavaliers*, portait la *Batrachide*, qui était une espèce de vêtement ou robe à fleurs brodées ou peintes, ainsi appelée, parce que la couleur de son fond imitait la couleur de la grenouille. Déjà, à cette époque, les vêtements subissaient l'influence ou de la fortune ou des emplois, ce que nous pouvons du reste toujours constater jusqu'au jour où la civilisation et le progrès ont établi l'unité dans les costumes.

A Athènes, la tunique de dessus, à l'usage des hommes libres, s'appelait *Amphimaschalos*, un nom barbare s'il en fut. Ce vêtement couvrait les deux aisselles. Celle affectée à couvrir les esclaves s'appelait *Hétéromaschalos*, et ne couvrait qu'une aisselle.

Suidas nous apprend que telles furent aussi les tuniques des artisans, parce qu'il était dans l'usage de coudre la manche dont ils se couvraient l'autre aisselle. On s'explique assez difficilement cette dernière façon de porter une tunique ; mais nous n'avons pu trouver dans l'histoire une définition plus explicite.

Les Grecs qui, à l'exception des cyniques, Diogène à leur tête, formaient une classe à part, les Grecs donc portaient généralement une tunique de dessous, qui était une espèce de chemise composée de deux morceaux d'étoffe ayant la forme d'un carré long et cousus sur les côtés, avec une ouverture pour laisser passer les bras. Quelquefois on y laissait des manches ; mais celles-ci ne descendaient pas plus bas que les épaules.

L'usage des culottes était complètement inconnu aux anciens Grecs, et au dire d'Eustaze, ils n'avaient pas de mot pour exprimer l'espèce de vêtement que les Romains appelaient *Fernuralia*. Cependant, les auteurs dramatiques de l'époque, par pudeur, firent adopter aux acteurs un vêtement analogue aux culottes ; ce vêtement leur descendait quelquefois jusqu'aux pieds.

Les chaussures présentent une grande variété. *Appien* dit que la chaussure des Grecs différait beaucoup de celle des Romains ; mais il ne dit pas en quoi consistait cette différence. La chaussure des héros avait une semelle à bords saillants à l'entour, et s'attachait sur le coude-pied avec un cordon ou une courroie. On voit dans le musée d'Herculanum des espèces de souliers composés de cordes formant réseau à larges mailles. Selon quelques historiens, les personnes de distinction d'Athènes portaient sur leurs chaussures un croissant en or ou en ivoire ; on trouve aussi sur les monuments une chaussure en forme de demi-botte en peau avec divers ornements.

Les Grecs, et en général les anciens, tiraient de diverses substances les matières propres à leur habillement. La toile servait, comme de nos jours, aux vêtements de dessous; l'histoire, cependant, ne no[us] dit pas si les Grecs surent tirer parti de la laine d[es] animaux ; mais elle parle d'une importante fabriq[ue] de tissus à *Cos*. Etait-ce de coton ou de laine ? No[us] en sommes réduits à de simples conjonctures. L[e] coton était-il déjà connu des Grecs ? On l'ignor[e]. Quant à la soie, ils l'ignoraient complètement.

Nous verrons plus loin à quelle époque on commença à connaître cette matière et à faire ces beaux et riches tissus, si appréciés en tout temps.

Les Grecs, dans la couleur des vêtements, recherchaient le vert ou la couleur du verjus, qui était particulière aux Bacchantes, les prêtresses de Bacchus. *Alexandre le Grand*, selon *Pollux*, avait une grande préférence pour cette couleur ; c'était son droit ! *Des goûts et des couleurs, il ne faut pas discuter* !

Le blanc était exlusivement consacré aux habillements des prêtres ; quant au pourpre, nous l'avons dit, ce fut toujours la couleur la plus recherchée, la plus coûteuse, et qui ne servait généralement qu'aux grands de la terre.

Nous pensons être entré dans d'assez amples détails sur les costumes grecs ; nous allons parler des costumes romains, qui, du reste, diffèrent peu de ceux des Grecs, car les Romains, peuple à son origine barbare et conquérant, prirent beaucoup à la Grèce. *Rollin* a bien raison de dire qu'il n'y a pas de matière sur laquelle les auteurs sont moins d'accord entre eux sur tout ce qui concerne l'habillement des Romains. Nous éviterons à cet égard toute discussion inutile, et nous nous bornerons à donner sur ce point les notions qui nous paraîtront les plus vraisemblables.

II

SOMMAIRE : La Toge romaine. — Caton. — La Robe prætexta. — La Trabée. — Toujours la Pourpre. — Les Broderies. — Linge inconnu. — La Soie. — Son origine. — Ses fabriques. — La Læña. — La Penula. — La Lacerna. — Le Paliolum. — Le Mouchoir. — Son origine. — Les Coiffures romaines. — Le Bonnet de l'esclave. — Les Chaussures.

Les Romains portaient la toge, sorte de longue robe. Lorsqu'ils voulaient se livrer à quelques travaux pénibles, ils la quittaient et ne gardaient qu'une espèce de caleçon qui ne leur couvrait que la moitié des cuisses et s'appelait *Sublicalum*.

On lit dans *Plutarque* que quand *Caton* venait de la campagne, il portait un vêtement appelé en grec *Exomido*, qui n'était autre qu'une tunique étroite, courte et sans manches; mais quand il faisait chaud, il travaillait tout nu avec ses esclaves ; c'était on ne peut plus primitif.

Le nom de la toge différait selon la condition de celui qui la portait ; on appelait *toge Prætexta* celle que les enfants des familles les plus distinguées portaient dans leurs premières années. Suivant *Pline*, l'invention en remonte à *Tullus Hostilius*. C'était une longue robe blanche dont les bords étaient ornés et comme tissés de pourpre : de là son nom de *Prætexta*. Les filles la portaient jusqu'à l'époque de leur mariage; les garçons la prenaient vers l'âge de quinze ans, pour l'échanger deux ans plus tard contre la robe virile ; elle donnait entrée dans toutes les assemblées publiques, même au Sénat.

Dans les temps du Bas-Empire, la *toge Prætexta* devint une espèce de manteau brodé autour du cou, et du haut en bas.

Tullus Hostilius apporta dans Rome la *Trabée*, espèce de manteau plus court que la toge. Il y avait trois sortes de *Trabée*: la première était entièrement pourpre ; la seconde blanche, bordée de pourpre, était spécialement affectée aux rois ; la troisième était pour les augures, et la pourpre y dominait encore. Sous les empereurs, on orna la *Trabée* de broderies d'or. Puis vint la *Chlamyde*, empruntée au costume grec, et dont nous avons déjà parlé.

Chez les Romains, la *Chlamyde* devint plus particulièrement un habit militaire. On donnait généralement le nom de tunique à toute espèce de vêtement qui se mettait sous la toge ; l'usage du linge, comme aux Grecs, était complètement inconnu aux Romains, qui ne portaient rien sous la tunique.

Cette dernière ne dépassait pas ordinairement le genou, et, chose bizarre, on considérait comme une grande indécence de la faire descendre jusqu'aux talons ; elle se fermait par devant au moyen d'une ceinture, sans laquelle on n'eût point osé se montrer en public; les manches en étaient courtes et peu larges: il n'y avait que les gens du peuple qui les portassent longues.

Ce fut seulement à cette époque que quelques personnes de distinction, par désir de bien-être, imaginèrent de porter sous la tunique un vêtement particulier, une sorte de chemise faite de laine très-fine, de lin ou de fil. Ici notons en passant que la soie, cette matière précieuse, ne fut connue et introduite à Rome que du temps des empereurs. On la tirait d'*Assyrie*, où elle vait au poids de l'or. La graine ou œufs de la soie ne fut connue en Europe que sous *Jus-tinien*, au sixième siècle. Les premières fabriques d'étoffes de soie furent établies à *Athènes*, *Thèbes* et *Corinthe*. Toujours est-il qu'une fois la soie connue des Romains, ils en firent un grand usage : on faisait surtout des robes de dessous comme on l'a vu plus haut; on leur donnait trois noms qui en distinguaient la plus ou moins grande richesse de la matière : *Indusium*, l'*Interula* et la *Subucula*.

Parmi les nombreux ajustements des Romains, nous citerons la *Læna*, la *Penula* et la *Lacerna*, qui ne diffé-raient entr'elles que par leur plus ou moins d'ampleur, leur couleur ou la qualité plus ou moins précieuse de l'étoffe dont elles étaient faites.

La *Læna* correspondait au *Klaima* des Grecs et était d'une étoffe très légère. La *Penula* était un manteau de grosse laine foulée ou feutrée, orné de franges avec une seule ouverture par le haut pour y passer la tête. Les soldats portaient la *Penula* de couleur rouge, mais d'un rouge moins beau, moins éclatant que la pour-pre. Nous avons dit plus haut pourquoi cette cou-leur était plus particulièrement choisie ; les citoyens la portaient brune. La *Penula* avait par derrière un capuchon dont on se couvrait la tête quand il pleuvait.

La *Lacerna* était un peu plus grande que le vê-tement cité plus haut ; elle descendait jusqu'aux genoux, quelquefois même au-dessous. Elle était presque toujours de laine simple et teinte en pourpre pour les gens de qualité. On a trouvé à *Hercula-num* une peinture représentant un forum romain, où l'on voit quelques figures, les unes avec la *Pe-nula*, les autres avec la *Lacerna*, et qui ont la tête couverte d'un capuchon.

Le *Paliolum* était également une sorte de capuchon à l'usage des malades et des convalescents. Dans les derniers temps de la République et sous l'Empire, quelques personnes de qualité et riches, des deux sexes, portaient certain mouchoir qu'on appelait *Sudari*, parce qu'ils servaient à essuyer la transpiration, la sueur. Devons-nous considérer ce fait comme l'origine du *Mouchoir de poche*, duquel, de nos jours, on ne peut se passer ? Tout porte à le croire, quoiqu'on ne trouve aucun vestige de cet usage dans le passé ; on en pourrait conclure que les moyens de se moucher étaient des plus primitifs.

Quant aux coiffures romaines, il serait assez difficile d'en trouver de particulières. Les Romains allaient presque toujours nu-tête, et lorsque le soleil, le froid ou la pluie les obligeaient à se couvrir, ils s'enveloppaient dans un des plis de leur toge. Plus tard, ils portèrent une espèce de chapeau ou bonnet rond semblable à ceux dont nous nous servons la nuit. Ce bonnet, qui nous paraît être, à ce que dit l'historien, un simple bonnet de coton, de nos jours nous paraît moins que gracieux, et devait inévitablement jurer avec les grands plis pleins de grâce des ajustements romains. Nous sommes parfaitement sûr que nos Normandes, qui portent jour et nuit ce susdit bonnet, sont bien loin de lui donner une origine romaine. Du reste, c'est fort possible, puisque les Romains conquirent les Gaules.

Les Romains portaient ce bonnet en grosse laine, et l'usage où l'on était de donner un bonnet de ce genre aux esclaves, lors de leur affranchissement, le fit prendre, dans la suite, pour l'emblême de la liberté.

Nous retrouvons là, sans doute, l'origine du *bonnet Phrygien*, longtemps en usage chez les pêcheurs napolitains.

Les Romains étaient nu-pieds dans l'intérieur de leurs maisons; mais ils avaient pour sortir diverses chaussures, dont les plus hautes montaient jusqu'aux mollets. Le soulier, appelé en latin *Calceus*, était la chaussure des personnes de dictinction et des prêtres; il leur couvrait entièrement le pied et montait à environ trois doigts au-dessus de la cheville. Les souliers étaient faits en peau souple avec une forte semelle; la peau en était teinte en pourpre, quelquefois dorée. Vers la fin de la Répuplique, vint la mode de porter une espèce de chaussure qui ressemblait à un gant ou sac, dont la peau était fort souple ; on l'appelait *Mulleus*. Elle était de deux sortes ; l'une qui couvrait le pied, et l'autre qui enveloppait une grande partie de la jambe, ce qui lui donnait une certaine analogie avec le *Cothurne*, chaussure élégante ; toutes deux étaient pourpres.

Le *Perrus* ne différait du *Mulleus* qu'en ce qu'il était d'une matière moins précieuse et n'était pas porté par les gens de distinction. La *Crepida*, la *Crepidula*, la *Solea* laissaient le pied à découvert et s'attachaient avec des courroies. Le *Sandalium* et la *Buxea* devaient être en bois, comme l'indique ce dernier mot. L'*Ocrea* était une espèce de bottine ou de guêtre qui montait quelquefois jusqu'à mi-jambe. Le *Compagus* était aussi une espèce de chaussure formée de bandelettes en peau qui laissaient voir la chair nue. Enfin, le *Soque* et le *Cothurne* étaient communs aux Grecs et aux Romains, et l'usage des bottines ne s'introduisit que fort tard à Rome. Pour nous renseigner davantage, *Suetone* fait particulièrement mention de caleçons et de bottines qu'*Auguste* et les grands dignitaires portaient en hiver.

Nous ne suivrons pas davantage les costumes primitifs des Grecs et des Romains dans leurs diverses transformations, qui, du reste, ne furent ni nombreuses ni dignes d'attention. Ils varièrent seulement dans les ornements et devinrent plus somptueux suivant les progrès des industries de l'époque, du luxe et du désir de briller. *Maillot* dit : Si l'on fait attention à la *Toge*, à la *Chlamyde*, au *Palucament*, à la *Penula* à la *Lacerna* et autres ajustements de ce genre, on verra que la diversité des vêtements n'était peut-être pas aussi grande qu'elle le paraît tout d'abord, puisque ce n'était souvent que des *ronds* plus ou moins échancrés, de plus ou moins grands demi-cercles, des *carrés*, des carrés longs d'étoffes plus ou moins riches, plus ou moins légères, dont la forme n'était pas assujettie et semblait varier à chaque instant ; ainssi était l'*Exomide*, espèce de tunique courte et sans manches, qui, quoique étroite, laissait toute liberté aux mouvements. Du reste, une chose digne de remarque, c'est que les vêtements dont nous avons parlé jusqu'ici ne manquaient ni de grâce, ni d'élégance. Sur les anciens monuments, les statues, les dessins d'autrefois, on peut voir combien les anciens comprenaient l'agencement des ajustements dans les différentes façons dont ils les portaient.

III.

SOMMAIRE : les Gaulois. — Les *Bragues*. — La Saie militaire. — Le Bardocucullus. — La Caracalla. — Le Sagum. — La Camisia. — Les Braies. — Le Rochet. — Le Pileum. — La Conquête romaine. — Les Francs. — Lutecia-Parisii. — La loi du Vainqueur. — Le poète Abbon et ses reproches. — Costume des Parisiens en 870. Les rois Mérovingiens.

Selon *Diodore de Sicile,* l'habillement des Gaulois se composait d'une tunique de différentes couleurs, et d'une espèce de large pantalon appelé *Bragues*. Ils portaient, par-dessus la tunique, un manteau rayé, soit en carrés, soit en losanges, d'une étoffe fort chaude et lourde pour l'hiver, légère pour l'été, qu'ils attachaient sur le devant de la poitrine avec une agrafe. *Martial* nous apprend, dans une de ses épigrammes, que les Gaulois préféraient de tout temps la couleur rougeâtre ou le jaune doré ; il ajoute que leurs manteaux étaient si courts, qu'ils descendaient à peine au bas des reins. *Strabon* prétend qu'au lieu de tuniques, ils portaient un *habit court,* dont les manches descendaient jusqu'à la ceinture ; c'était une *Saie militaire*. Du reste, on comprend facilement que les soldats avaient intérêt à porter des vêtements qui ne pussent les gêner, en aucun cas, dans leurs mouvements. La *Saie militaire* était de plusieurs espèces, car on donnait ce nom à la plupart des vêtements que les hommes mettaient par-dessus la tunique. Le manteau éta ajusté comme la toge romaine, ou, comme no l'avons dit plus haut, fixé sur la poitrine au moye d'une agrafe en métal plus ou moins précieu Puis, dans la mauvaise saison, par-dessus ce man teau, on en ajoutait un moins ample, muni d'un c puchon et qui s'appelait : le *Bardocucullus Lingonicu* Le mot nous semblerait aujourd'hui assez difficile dire, et d'une étrange bizarrerie. N'était-ce pas sin gulier d'entendre le maître dire à son esclave Donne-moi mon *Bardocucullus Lingonicus*. Il est pr bable qu'un Frontin de nos jours s'habituerait di ficilement à des noms de ce genre.

Mais c'est de l'histoire, et quelque fait que nous trouvions, il faut nous y conformer avec la plu scrupuleuse exactitude.

Les Gaulois portaient une chaussure serrée au pie montant plus haut que la broderie de la tunique formant une espèce de bottine. La tunique descend souvent jusqu'aux pieds, et son extrémité était d coupée en festons. Du reste, les diverses provinc de la Gaule offraient certaines différences dans coupe des vêtements. A Arras, par exemple, cap tale des *Atrebates*, on portait un vêtement appelé c *racalla* ; c'était une robe courte avec des manch et un capuchon. Cette robe ne descendait que ju qu'à la moitié des cuisses.

Puis, lorsque vint la conquête par les Roma insensiblement, comme nous le verrons plus loin, Gaulois prirent les us, coutumes et costumes vainqueurs (1).

---

(1) Ici nous devons dire que nous prenons de précieux renseig ments dans un charmant et curieux ouvrage de M. Emile de la

u moment de la conquête, les Gaulois portaient *Sagum*, espèce de blouse, pardessus à longues larges manches, fendu par-devant, fait de peau mouton, de loup ou de blaireau, cousu avec du n, le poil en dehors. Ce vêtement avait pour comément la *Camisia*, sorte de chemise, et les braies, rte de pantalon serré sur les hanches avec une nture, et sur les chevilles avec des cordons. En ver, les Gaulois se couvraient d'un manteau court peau de chèvre, appelé ***Rochet***. La coiffure était différentes formes; on avait d'abord le ***Pileum***, sorde calotte de feutre, le ***Petasus***, chapeau à larges ords, le ***Birrus***, bonnet pointu en laine, que les ontagnards corses ont conservé sous le nom ***Birro***.

Ici nous nous arrêterons sur les costumes des ulois, qui, comme nous l'avons dit plus haut, se sentirent bientôt de la conquête romaine ; puis fin, plus tard, des hordes barbares et conquéranvinrent s'abattre dans les Gaules et en chassènt les Romains. Ces barbares étaient les Francs ; s'établirent solidement dans les Gaules et fondènt le royaume de France, dont Paris est la caale.

Avant d'aller plus loin, nous croyons qu'il ne sera sans intérêt de faire passer sous les yeux du cteur quelques faits historiques se rattachant au mmencement et à l'origine de Paris, cette ville qui, xixe siècle, est devenue la capitale du monde cisé.

---

ière (*Histoire de la mode en France*), et publié en 1858 par MM. el Lévy frères, ouvrage qui, dès son apparition, obtint un grand s. Le nom seul de son auteur nous dispense d'en dire davantage. *de l'auteur.*)

Paris, *Lutecia*, *Parisii*, est placé sur la Seine, qui le sépare en deux parties, et y forme deux îles : la *Cité* et l'*île Saint-Louis* ; autrefois existait une troisième île, l'*île Louviers*, qui fut jointe à la rive droite.

L'origine de Paris n'est pas positivement connue ; les historiens ne s'accordent pas sur ce point, quoiqu'ils la fassent généralement remonter à la plus haute antiquité. *Jules César* est le premier auteur connu qui en ait fait mention.

Paris s'appela d'abord *Lutecia*, *Lutèce*, nom qu'il quitta plus tard pour prendre celui de *Parisii*, qui devint *Paris*. Sans aller chercher son origine dans les temps fabuleux, nous nous arrêtons aux présomptions les plus raisonnables.

Environ un siècle avant notre ère, vers l'an 643 de Rome, l'un des soixante-quatre peuples qui composaient la Gaule celtique, chassés de la Belgique par une de ces hordes barbares venant de la Germanie, qui, repoussée elle-même par ces bandes nombreuses des peuplades du Nord, commençaient à cette époque à pénétrer dans les Gaules ; une de ces peuplades vint, sous le nom de *Parisii*, sur les bords de la Seine, et occupa la plus grande des cinq îles que formait alors ce fleuve.

Cette île, qui ne renfermait alors qu'une petite bourgade, prit plus tard le nom de Cité, qu'elle porte encore. Les Parisiens devaient être peu nombreux, si l'on en juge par l'exiguité de leur territoire, qui n'excédait pas dix à douze lieues, dans sa plus grande étendue. On entrait dans la Cité par deux ponts en bois, construits aux mêmes lieux où sont aujourd'hui le Pont-au-Change et le Petit-Pont (53 avant J.-C.)

Nous avons dit que *Lutèce*, avant l'invasion des Romains, n'était qu'une simple bourgade, composée de quelques misérables cabanes de bois. Mais elle changea rapidement d'aspect, du moment où les gouverneurs romains en firent leur résidence ; puis enfin LUTÈCE devint PARIS ! ! !

Les peuples Gaulois, toujours vaincus dans les tentatives qu'ils faisaient pour ressaisir leur indépendance, voyant leurs efforts impuissants, finirent par se soumettre aux Romains et adoptèrent insensiblement les manières, les usages, les mœurs, les costumes de leurs vainqueurs.

Cette civilisation de Rome corrompue, transplantée dans les forêts de la Gaule, devint funeste à ses habitants, car les jouissances qu'elle leur procura ne compensèrent pas les mâles habitudes que son contact leur fit perdre ; habitudes nécessaires alors à un peuple serré de tous côtés par des nations guerrières. Si elle embellit leur esprit et polit leurs mœurs, elle eut aussi pour conséquence inévitable d'amollir leur cœur, de détruire l'énergie de leur caractère et d'affaiblir leur courage. Les Gallo-Romains, à demi barbares, ayant les vices d'une société vieillie, entée sur des instincts que les mœurs nouvelles n'avaient pas eu le temps de changer ou de détruire, ne furent plus qu'un peuple abâtardi, qui devait nécessairement succomber aux attaques d'un peuple guerrier et conquérant. C'est ce qui arriva quand les Francs envahirent les Gaules, et, après quelques résistances, ils furent contraints de subir la loi du vainqueur, et leur pays prit le nom de ROYAUME DE FRANCE.

Suivant notre programme, nous allons parler des costumes des Francs, ou du moins du peuple qui, sous le nom de *Parisii*, fonda la plus merveilleuse ville du monde.

Aux vêtements primitifs dont nous avons parlé, aux somptuosités romaines, les Parisiens joignirent un luxe et un faste qui leur était propre. Nous passerons rapidement sur les costumes des rois, qui devaient joindre, à une grande richesse, l'éclat des borderies d'or, d'argent et de pierres précieuses. Nous nous attacherons plus spécialement aux costumes généraux qui subirent, en tout temps, les autocratiques lois de la mode.

Ce fut vers 808 que l'on commença à orner les vêtements de fourrures ; cette mode venait d'Italie ; ce furent d'abord des peaux d'agneaux, ensuite d'hermine et des fourrures d'un plus grand prix encore. En 870, le luxe des Parisiens s'accrut d'une étonnante façon, surtout s'il faut s'en rapporter aux mœurs de l'époque.

Le poète *Abbon* reproche aux Parisiens le luxe de leurs vêtements et la pourpre qui les couvrait, les magnificences de leurs ceintures, leur faste orgueilleux, leurs débauches et leurs voluptés.

Voici la description exacte du costume des Parisiens à cette époque (870) :

Ils portaient une chaussure dorée soutenue par des courroies ; ils enveloppaient leurs jambes de morceaux d'étoffes entourées de dentelettes croisées aux couleurs éclatantes. Ils portaient, comme vêtement, une espèce de camisole ou veste d'étoffe de laine fort richement tissée, d'où pendait de droite à gauche un riche baudrier auquel était suspendu un glaive. La camisole était serrée à la taille par une courroie blanche en cuir verni ; par-dessus ce vêtement était placé un grand manteau de couleur blanche ou bleue, ce manteau était carré et affectait une forme bizarre ; il était court et ouvert sur les côtés ; fo long par-devant et par-derrière, et descendait jusqu'aux pieds. L'usage général était de porter à la main une canne de bois de pommier, ornée d'une pomme d'or ou d'argent richement ciselée.

Le costume dont nous venons de donner la description était sans doute un costume de patricien ; il est à supposer que la classe moyenne devait porter des vêtements plus modestes.

Nous continuerons notre étude en commençant par Clovis, le premier roi chrétien, le chef de la race des Mérovingiens.

Donc Clovis revêtit à Tours, dans l'église de St-Martin, la pourpre romaine et le manteau d'écarlate ; puis, orné du diadème, il se rendit à cheval à la cathédrale. Ce roi est représenté couvert d'une ample robe tombant jusqu'à ses pieds avec des manches étroites ; il portait une bourse suspendue à sa ceinture, qui était large de deux doigts, et agrafée par-devant et par-dessus sa robe ; un manteau sans plis par le haut et large par le bas, un peu plus court que la robe même. Ce manteau était fixé de part et d'autre par un cordon au-dessus des bras.

Childebert portait une tunique avec une seule ouverture où passait sa tête.

Clotaire Ier avait une robe à larges manches, plus courte que la tunique, et un ample manteau dont les bords étaient brodés, et qui couvrait presque tout le corps.

Chilpéric II portait une robe à manches larges, qui descendait jusqu'à mi-jambes, et sous laquelle il avait une longue et ample tunique. Un manteau attaché à l'épaule avec une riche agrafe complétait ce costume.

Les costumes des grands, en 709, étaient des

robes décolletées, fermées par-devant, justes au corps et aux bras, mais larges depuis les hanches jusqu'à la cheville. Leur ceinture, dont tous les bouts pendaient jusqu'à l'extrémité de leur robe, se bouclait très-bas, et leur manteau traînait beaucoup par derrière, ce qui ne manquait pas d'une certaine majesté.

Du reste, ces costumes n'étaient pas sans grandeur, et si l'on peut leur reprocher l'absence du goût que les Français possèdent si essentiellement aujourd'hui, la richesse des ornements, la beauté des broderies et l'éclat des pierreries n'en étaient pas moins d'un bel effet.

IV.

SOMMAIRE : les Carlovingiens. — Nouveaux vêtements. — Simplicité de l'Empereur. — Premières lois somptuaires. — Les Putaciola. — A quoi sont-ils bons ? — Les plaintes d'Oderic. — Les Poulaines. — Philippe-Auguste et les fourrures. — Exemple du luxe. — Chevaliers et Citadins. — Les étoffes du temps. — La Garnache. — Le Sigleton. — Les Houses. — Les Estivaux.

Sous Charlemagne, on commença à border les tuniques et les rochets de martre zibeline, d'hermine, de peaux de loir, de vair, espèce de fourrure composée de peaux d'hermine et de belette coupées en losanges. L'Empereur s'émut du luxe croissant des Parisiens. Quant à lui, il était simple dans ses goûts ; son costume habituel se composait d'un *garde-corps* (*garda corsium*) de peau de loutre, d'une tunique de laine, d'une saie bleue , et de souliers à semelles de bois, attachés à la jambe avec de longues courroies de peau non tannées. Cependant Charlemagne comprenait grandement la majesté du trône, et l'histoire nous donne une magnifique description de son costume d'apparat.

Les grands ne suivaient guère l'exemple de sa simplicité ; ils se paraient de vêtements de soie légers, de fines pelleteries et de plumes brillantes. Ce fut Charlemagne qui, le premier, dicta des lois somptuaires auxquelles tout le peuple, nobles, bourgeois et manants durent se conformer. Il était expressément défendu de payer une *saie* plus *dix sous*, un *rochet* plus de *huit sous*, même quand ils étaient ornés de fourrures. Le sou équivalait à deux francs cinquante centimes de notre monnaie.

On proscrivit les manteaux courts appelés *Putaciola*, dont les fripiers faisaient grand commerce.

A quoi sont-ils bons? disait l'Empereur. *Au lit, je n'en puis me couvrir ; à cheval, ils ne me garantissent ni du vent ni de la pluie ; enfin, dans un autre cas...* (ici nous empruntons le latin du moine de Saint-Gall) *Ad necessaria naturæ secedens tibiarum congelatione deficio! ! !...*

Néanmoins, en dépit des lois somptuaires, le goût des ajustements somptueux se répandit chaque jour de plus en plus. Les barons, qui accompagnaient Philippe Ier à la croisade, se présentèrent devant *Commine*, dit la chronique d'*Albert d'Aix*, avec de riches pelleteries et des ornements d'or, d'argent et de pierres précieuses, dont l'usage commençait à se répandre. Un chroniqueur normand, *Orderic Vidal*, qui écrivait vers 1141, déplore en ces termes le faste de ses contemporains :

« Les bonnes coutumes de nos pères sont abolies, » car leurs habits étaient modestes et proportionnés » à leur taille. Par là, ils avaient la liberté de monter à cheval et de faire les exercices du corps » que la raison et l'occasion pouvaient exiger. Mais, » de nos jours, tout est changé. Une jeunesse débauchée adopte la mollesse des femmes, et les » courtisans cherchent à plaire au sexe en imitant » les vices qui leur sont propres ; ils mettent à

» l'extrémité de leurs pieds des figures de serpents
» qu'ils admirent, en marchant, comme quelque
» chose de beau ; ils balayent la poussière avec
» les longues queues de leurs tuniques et de leurs
» manteaux; leurs mains, destinées à servir le corps
» avec agilité, sont couvertes de longues et larges
» manches qui les empêchent d'agir. . . . . .
» . . . . »

On peut remarquer, dans ce curieux passage, une allusion aux chaussures dites à la *Poulaine*, dont l'extrémité s'allongeait en pointe droite ou recourbée, ornées parfois de grotesques figurines.

Tous les historiens supposent que *Foulques V*, comte d'Anjou, mort en 1412, inventa cette mode bizarre pour cacher la difformité de ses pieds. C'est une erreur que démontrent des textes positifs.

Le moine *Richer*, qui vivait à la fin du dixième siècle, dit que, de son temps, on ajoutait des *becs* aux chaussures. *Assecelin Adalberon*, évêque de Laon, sacré en 977, raconte qu'un certain *Béranger* adopta l'usage des souliers à becs recourbés.

Voilà *Foulques V* dûment dépossédé. L'étymologie du mot *poulaine*, telle que la donnent les savants, est également inexacte. Ils prétendent que la poulaine était une sorte de fourrure qui venait de Pologne; mais les souliers à becs recourbés n'étaient pas en fourrures ; ils étaient ordinairement en cuir de Cordoue, comme l'atteste un écrivain du onzième siècle, *Guilbert de Nogent* :

Calceorum de Corduba rostra tortilla.

Poulaine veut dire simplement la proue d'un navire ; en latin, *Rostrum*. Si l'on compare l'avant des anciens vaisseaux avec les souliers dits à la *Poulaine*, on ne saurait en méconnaître l'identité (1).

La mode des poulaines ne devint générale qu'au quatorzième siècle. Celle des fourrures était en grande vogue sous Philipe-Auguste qui, en 1188, défendit aux chevaliers de porter des fourrures de vair, de petit-gris, de martre zibeline, et des étoffes écarlates. On voit par un compte de sa maison, en l'an 1202, qu'il s'affranchissait largement lui-même de la loi qu'il imposait.

On y lit:

« Le sarrot du roi, fourré de menu vair, soixante » sous; la robe d'écarlate qu'il porta à Pâques, seize » livres et demie; son chapel, fourré de gris, quatre » sols; la fourrure de son manteau et de son capuce » pluvial, six livres; ses tuniques, quinze sols cha» cune; la robe et manteau fourré qu'eut la reine à la » Saint-Rémy, vingt-huit livres moins trois sols; » l'habillement des chambrières, cinquante huit sous; » tunique, peaux et chaussures, cent sept sols. »

Philippe-Auguste ne donnant pas lui-même l'exemple de la simplicité dans ses ajustements, le luxe progressa en dépit de ses prohibitions. Cependant, s'il nous était permis de faire quelques réflexions, nous dirions que les lois prohibitives contre le luxe ne pouvaient que porter un grand préjudice à toutes les industries, la plupart naissantes à cette époque.

Néanmoins, il faut faire la part des choses, et peut-on admettre à peu près les plaintes de *Guillaume le Breton*:

« Tous brillent sous l'écarlate, disait-il; on ne porte » que des vêtements de vair, de lin très-fin ou de

---

(1) *Histoire de la mode en France.*

pourpre. Le paysan, tout resplendissant sous les ornements impériaux, s'étonne de lui-même et ose se comparer au roi souverain. L'habit change tellement son cœur, qu'il pense que l'homme change avec son costume. Ce n'est pas assez pour chacun de briller d'autant d'éclat que son compagnon, il cherche à se distinguer des autres par quelque ornement. »

Dans ces plaintes de l'historien, on pourrait voir que ce qui déplaisait le plus aux grands, dans le luxe de toutes les classes de la société, portait atteinte aux prérogatives de la noblesse, qui déjà y attachait un grand prix.

Nous avons parlé des Croisades, relativement aux rapports de l'Europe avec l'Orient, et à l'extension des relations qui multiplièrent les étoffes et les matériaux précieux. Dans nos recherches, nous avons trouvé une nombreuse nomenclature des étoffes en usage au douzième et au treizième siècle. La liste et leur description ne manquent pas d'intérêt.

Ainsi on avait :

Le Cendal, qui était ce que nous appelons aujourd'hui le taffetas. La fameuse bannière de St-Denis et le drapeau national étaient faits de *Cendal*. Le Samit était une variété de *Cendal*. La Chronique des Flandres dit que l'oriflamme était d'un *Samit vermeil*. Le Pers était un drap d'un bleu foncé. Le Camelin, une étoffe chaude, mais commune, fabriquée avec du poil de chameau, et qui, nécessairement, était apportée d'Orient. Le Barracan, une variété du *Camelin*, ainsi nommé, peut-être, parce que les lisses affectaient les formes de barres. L'*Isambrun* était une étoffe de drap, assez belle, teinte en brun. Le Molequin était une étoffe de lin servant pour vêtement de dessous. La Brunette, un drap vert, et la Galebrun un drap également, mais brun.

On ne manquait pas d'étoffes différentes, et toutes étaient employées par tout le monde.

En 1412, les laïques empruntèrent aux moines un vêtement ample, sans manches, et fendu sur le côté ; ce vêtement s'appelait *Gamache.*

Puis la ***Huque*** ou ***Houppelande***, qui n'était autre chose qu'une pièce d'étoffe triangulaire percée d'un trou au centre, et, par ce trou, on passait la tête ; puis les extrémités étaient réunies par une patte. La façon de ce vêtement était des plus simples, comme on peut le voir. Enfin, vint encore un vêtement fort riche et d'un charmant effet, c'était le ***Siglaton***, large manteau rond en étoffe de soie, orné d'une riche bordure de pourpre et d'or.

Déjà les mœurs devenaient plus douces, les arts commençaient à fleurir, l'industrie ne demandait pas mieux que de progresser ; aussi ne portait-on plus d'armes en temps de paix.

Les chaussures de l'époque étaient de grandes bottes appelées ***Houses*** ou ***Houscaux***, particulièrement affectées aux militaires. Les bourgeois portaient les ***Estivaux***, chaussure faite de velours, et qui ne se portaient qu'en été; des ***Poulaines*** et de gros souliers à boucles de laiton, puis des espèces de pantoufles auxquelles on donnait le nom d'escarpins.

V.

SOMMAIRE : Louis IX. — Sa simplicité. — Les industries de l'époque. — Accroissement du luxe. — Le Pelicon et les Moufles. — Les vêtements bi-colores. — Encore les Poulaines. — L'Excommunication. — Ordonnance de Charles V. — Le Surcot raccourci. — Le Pourpoint. — La Jacque. — Origine de la Culotte. — Nouvelles lois somptuaires. — Les Epingles. — Louis XI. — Charles VIII. — L'Effigie royale. — Louis XII. — Les Chapeaux.

Jusqu'au règne de Louis IX le costume des Français ne subit pas de changements sensibles; mais c'est sous ce roi qu'on commença à voir jusqu'où pouvaient entraîner les extravagances nées de la mode. En France, l'esprit n'a guère changé de ce côté; on a procédé et on procède toujours par engouement, pour telle ou telle autre chose. Nous aurons plus loin des preuves de ce fait.

Nous ne critiquons pas! loin de là. Le Français est avant tout fantaisiste; aussi n'est-il pas étonnant, dans ce qui regarde la mode, de le voir se passionner pour une chose ou une autre et l'abandonner plus tard sans regret.

Louis IX, malgré ses goûts simples et modestes dans l'âge mûr, avait été assez fastueux dans sa jeunesse; et, en ce temps, il portait des vêtement richement brodés à ses armes. En 1241, à la cour plénière qu'il tint à Saumur, il était richement vêtu; sa cotte était de samit (étoffe de soie); à cette cotte étaient joints un surcot et un manteau de samit vermeil fourré d'hermine, et un *Chapel* de coton. Plus tard, à partir de 1248, après s'être croisé, Louis IX cessa de porter l'écarlate, le gris, les fourrures. Ses robes étaient des plus simples, en *Camelin* ou en *Pers*. Nous avons dit plus haut ce qu'étaient ces étoffes. Le *Vair* et la *Brunette* étaient remplacés par la *Gamite* ou peau de lièvre. Ce n'était que dans les grandes solennités qu'il se départait de cette simplicité ; dans ce dernier cas, il revêtait une cotte de camelot, un surcot de tiretaine sans manches et un manteau de cendal noir.

Le règne de Louis IX, ou saint Louis, fut un temps de piété, d'ascétisme ; néanmoins, les aspirations spirituelles s'accommodaient parfaitement avec la recherche dans les vêtements dont la confection occupait un nombre considérable d'ouvriers.

Nous croyons intéressant d'en donner ici la liste :

Les Drapiers ou Tisserands de langes.
Les Tailleurs de robes.
Les Dorlotiers ou Rubanniers.
Les Crépiniers de fil ou de soie (les frangeurs).
Les Chavenaciers, qui tissaient le chanvre.
Les Pierriers ou Joailliers.
Les Orfèvres.
Les Batteurs d'or et d'argent.
Les filèresses de soie à grands et à petits fuseaux.
Les Teinturiers.
Les Fondeurs de boucles et d'agrafes.
Les Fourreurs.
Les Boutonniers d'archal, de cuivre ou de laiton.
Les Gantiers, qui employaient la basane, le vair, etc.
Les Chapeliers de feutres.
Les Tisserands de couvre-chefs de soie.
Les Chapeliers de fleurs.
Les Faiseresses de chapeaux d'orfroy.
Les Chapeliers de coton.
Les Chapeliers de paon.
Les Chaussiers, fabricants de chausses en drap, toile ou soie.
Les Baudroyeurs ou Corroyeurs.
Les Cordonniers et beaucoup d'autres encore.

D'après ce qui précède, on peut voir que l'on était déjà bien loin du costume des Gaulois, des Fra[illegible]cs. Le luxe grandissait chaque jour, et cependant l'exemple ne venait pas d'en-haut cette fois, et quelle que fût la multiplicité des lois somptuaires, le luxe ne discontinuait pas moins à s'impatroniser dans toutes les classes de la société. Au quatorzième siècle, les seigneurs, et même les bourgeois aisés, ornaient leurs chaperons de perles et de plumes : ils portaient à leur cou de lourdes chaînes d'or ; des pierres précieuses étaient incrustées dans les fermoirs d'or de leurs manteaux. C'est alors qu'on vit paraître les ***Pélicons*** ou fourrures, des houppelandes à longues manches appelées ***Moufles***, des ***Chapeaux à becs*** et des vêtements de plusieurs couleurs. On portait des robes mi-parties de blanc et de violet; enfin, le luxe devint si grand, qu'on vit jusqu'à des écuyers de cuisine porter des houppelandes de soie et des ***Aumusses***, fourrées. Les poulaines avaient pris d'immenses proportions, en dépit des prédicateurs, qui, du haut de leur chaire, fulminaient contre ces accroissements du luxe dans les mœurs et les costumes. Vainement les Conciles défendaient aux clercs de porter des habits courts, des capuces boutonnés, des souliers à la poulaine ; ils ne tenaient aucun compte de ces défenses. Enfin le pape Urbain IV s'émut lui-même de ces extravagances et lança l'excommunication contre ceux qui s'obstinaient à se parer d'ajustements extravagants

Il ne fallait pas plaisanter avec les foudres papales, et l'on revint à des vêtements moins fastueux, moins ridicules par la forme; on cessa complètement de porter des chaussures à la poulaine, dont non-seulement on proscrivit la vente, mais encore la fabrication. Ce fut alors que le surcot, en se raccourcissant, devint le *pourpoint* qu'on appela d'abord *Gambaison* ou ***Laine gambaisée***, parce qu'il était *gamboisé* ou rembourré de laine piquée, afin de pouvoir tenir lieu de cuirasse. Puis vint la *Jaque*, qui était une espèce de pourpoint à basques, dont on recouvrait le *Haubert*. Ce dernier vêtement nous paraît être le point de départ de notre habit moderne, de même que la culotte, qui eut pour origine les ***Haut-de-Chausses***, qui devinrent eux-mêmes des ***Trousses*** ou ***Grègues***.

La mode des vêtements de couleurs mi-parties subsista longtemps.

Après Charles V, vint Charles VII, qui, comme ses prédécesseurs, rendit plusieurs lois somptuaires contre le luxe effréné qui prenait chaque jour de plus grandes proportions; mais, comme toujours, ces lois restèrent sans effet. Du reste, Charles VII lui-même donnait l'exemple d'un faste inouï.

Le règne de Charles VII vit éclore des inventions des plus remarquables : la boussole, la poudre à canon, le papier de linge, les lunettes, l'imprimerie, la gravure, la peinture à l'huile, et enfin les épingles, qui, quoique connues depuis 1426, remplacèrent absolument les brochettes de bois et d'ivoire dont on s'était servi jusqu'alors.

Les costumes sous Louis XI éprouvèrent peu de changements. Nous avons vu plus haut que la cour donnait elle-même l'exemple du luxe. Malgré les édits, les lois somptuaires, les foudres papales, les sermons des prédicateurs, tout resta inutile. Mais sous Louis XI, l'habillement plus que modeste, sordide même du roi, simplicité imitée par les grands, n'était pas fait pour amener des extravagances.

Voici en quelques mots le portrait de Louis XI, tel que l'histoire nous le décrit :

Louis XI avait une figure désagréable, qu'il affectait de rendre plus désagréable encore par ses ajustements négligés. Il n'aimait pas les habits longs qu'il proscrivit. Sur une modeste casaque de bure, il portait le cordon de Saint-Michel, ordre qu'il avait fondé en 1461. Ses souliers, en gros cuir, larges et tailladés au-dessus des orteils, laissaient le reste du pied presque entièement découvert ; il ne portait point de barbe, et ses cheveux étaient coupés si courts, que le bout en paraissait à peine par derrière, sous sa calotte à oreilles ; sur son chapeau de feutre, à bords étroits, était attachée l'image de la Vierge empreinte sur une lame de plomb et à laquelle il faisait des excuses lorsqu'il avait commis quelque faute grave. Il ne portait qu'une tunique juste-au-corps, sous un pourpoint de futaine, lorsqu'il eut une conférence avec le roi de Castille, à Fontarabie.

La somptuosité et la richesse des vêtements espagnols faisaient tristement ressortir les vêtements du roi et des seigneurs de la cour. L'histoire parle de trois circonstances seulement où Louis XI parut sous un costume moins négligé : à la mort de son père, où il s'habilla de noir, selon l'usage ; le lendemain où il prit l'habit d'écarlate, et à son entrée dans Paris, où il se revêtit d'une riche robe de soie blanche sans manches, et coiffé d'un petit chaperon de velours découpé en pointes.

Charles VIII succéda à Louis XI, son père, et on constate que sous ce roi l'exagération des costumes se tint dans certaines limites de réserve qui contrastaient étrangement avec les règnes précédents. Ce fut en 1489 qu'Anne de Bretagne porta le deuil, en noir, de son mari, quoique quelques historiens prétendent que l'usage de porter le deuil en noir ne s'introduisit en France que sous Henri II. Les veuves des simples particuliers prenaient l'habit de religieuses. Mais les reines, les dames et les filles de qualité avaient coutume de porter le deuil en blanc, ce qui fit donner à quelques reines douairières, en France, le nom de reines blanches.

Sous Charles VIII, le costume général consistait dans des robes de diverses longueurs ; quelques-unes descendaient jusqu'au-dessous du genou ou à mi-jambes, d'autres jusqu'à terre. Le collet des riches était ordinairement en fourrures ; les manches, souvent très-amples, avaient également des parements en fourrures. Quand elles étaient étroites, elles ne s'élargissaient qu'au-dessus des mains qu'elles cachaient ; l'habit était serré à la taille par un ceinturon.

Ces costumes n'étaient rien moins qu'élégants et gracieux ; ils ne différaient chez les grands et les bourgeois aisés, que par la beauté de l'étoffe. Mais point d'art, point de beauté, soit dans la coupe, soit dans la forme. En tout temps, l'exemple venant d'en-haut eut toujours une grande influence sur tous les peuples. Charles VIII était simple dans ses goûts, tout devait s'en ressentir.

Ce fut sous son règne que fut frappée la première monnaie portant l'effigie du souverain.

Sous Louis XII, tous les cavaliers avaient ordinairement le haut de la poitrine découvert; quelques uns portaient un pourpoint ouvert et la poitrine entièrement découverte. Cela dépendait de la fantaisie, et sur la poitrine, ainsi découverte, on mettait un vêtement de soie qui ressemblait assez à un gilet comme forme, mais sans boutons ; il se fermait par derrière. Les pourpoints avaient les manches tailladées ; ces manches étaient de deux pièces qui laissaient quelques doigts d'intervalle entre elles vis-à-vis les coudes ; mais un cordon les réunissait et empêchait celles qui couvraient l'avant-bras de tomber.

Tous les hommes portaient des manteaux qui différaient et par la forme et par la longueur. Quelquefois ce manteau était court, sans collet, ample et coupé carrément au bas du dos ; les uns le plaçaient sur les épaules et d'autres sur l'épaule gauche seulement. Tantôt le manteau était long par-devant, ou il se terminait en pointe de part et d'autre; tantôt il couvrait les genoux; puis il était garni d'un collet et ouvert sur le côté pour laisser passer les bras à volonté.

Le goût, la mode, la fantaise enfin commençaient à prévaloir, et plus nous avancerons vers la civilisation et plus nous verrons le goût personnel prendre de l'importance.

Ce fut à cette époque que l'on porta des bas qui remontaient jusqu'en haut des cuisses, où ils étaient couverts par un haut-de-chausses fort étroit.

Les coiffures étaient assez bizarres. Ceux qui avaient les cheveux courts, portaient un chapeau de feutre, rond de forme et assez élevé; d'autres portaient un réseau dans lequel étaient renfermés leurs cheveux. Les chapeaux avaient les bords coupés sur le côté et relevés devant et derrière; c'était une mode laide et ridicule. On ne peut mettre en doute que les bords larges dès chapeaux n'ont d'autre but que de préserver le visage ou du soleil ou de la pluie; au point de vue de la grâce, ces chapeaux devaient être fort laids.

Ici nous nous permettrons une digression.

Dans les diverses transformations des costumes, les chapeaux ont toujours joué un rôle important.

Le bonnet primitif, qui était de laine en tout temps, a longtemps servi de coiffure au peuple, au clergé, même aux grands ; et sous ce bonnet on plaça indifféremment diverses autres coiffures. Le chaperon, sorte de capuchon qui avait un bourrelet dans le haut et une queue pendante par derrière, très à la mode sous Charles VII et sous Louis XI, fut complètement délaissé sous Louis XII, ainsi que nous l'avons vû plus haut. Sous François Ier, le chapeau fut remis en vigueur, comme nous le verrons plus loin; et cette coiffure devint générale, son triomphe définitif; mais sa forme fut des plus variées. On vit le chapeau tour à tour baissé ou relevé, allongé ou raccourci, rond comme un champignon, pointu comme la flèche d'une église, large et plat comme les créneaux d'un château. Il fut successivement de feutre ou de laine, de velours ou de soie, de paille, de toile, de bois, de taffetas, de liége. Il fut verni, fourré, peint ou doré, orné d'images, de plumes, de rubans. Il fut blanc, noir, gris, rouge et vert. Sa forme indiquait chaque profession, et elle servit quelquefois d'emblême politique, de cocarde, de drapeau. Enfin, le chapeau a été de tout temps le pivot autour duquel tourna la mode; il était toujours la partie capitale du costume, et si la chaussure fut la base de la toilette, la coiffure en était toujours le couronnement. Néanmoins, la mode des chapeaux du XIXe siècle n'est guère heureuse, et pourtant voilà bien des années qu'elle subsiste, Ce long cylindre noir, formé d'une galette (mot technique), recouvert d'une peluche de soie, n'est rien moins que gracieux et élégant; joint à sa forme, qui manque entièrement de grâce, il est essentiellement anti-hygiénique; mais c'est la mode; le temps et l'usage l'ont consacré; aussi nous nous inclinons!

Revenons au règne de Louis XII, dont nous n'avons plus qu'un mot à dire relatif aux chaussures, qui avaient une grande ressemblance avec les babouches turques, ouvertes sur le coude-pied; elles étaient attachées à la jambe par des cordons; quelquefois le bout en était tailladé. Le peuple portait des chaussures à semelles de bois ou tout en bois, garnies de fer et de clous.

VI

SOMMAIRE : François Ier. — Trousses et Braguettes. — Les Basques et les Collants. — Le roi lettré. — Les grands artistes — Une ordonnance de Henri II. — Les Fraises. — Les premiers Bas de soie. — François II. — Les Ventres postiches. — Extension des Fraises. — Charles IX et ses dédains. — Deux édits. — Le Calendrier de Henri III. — Les Crevés. — Le Drageoir du duc de Guise. — L'Ordre du Saint-Esprit. — Henri IV. — Paletot et Manchettes.

François Ier succéda à Louis XII. Sous ce roi instruit, lettré, grand ami des arts, essentiellement artiste, on aurait dû s'attendre à un accroissement considérable de changements dans les costumes. Il n'en fut rien. On se contenta d'adopter, sous ce règne, l'habit court et le pantalon collant, dont le haut était terminé par une braguette, à laquelle on ajouta des trousses que la braguette faisait tenir entr'ouvertes. Les trousses, tailladées de crevés, de couleurs différentes, prenaient à la ceinture, descendaient jusqu'à mi-cuisses et formaient comme de petits ballons. (On ne cessa de porter des braguettes que vers la fin du règne de Charles IX; on continua d'user des trousses jusqu'au règne de Louix XIII. Depuis cette époque, elles furent abandonnées aux baladins, aux sauteurs de corde, aux coureurs.) Ces trousses, comme nous le disions plus haut, étaient bouffantes et tailladées quelquefois jusqu'à l'exagération. On portait également le pourpoint et, par dessus, un manteau très-ample et très-court.

Cet usage était général à toutes les classes aisées de la société. A la cour, les princes et les nobles portaient ce manteau en velours de soie, richement orné de broderies d'or ou d'argent. Dans la mauvaise saison, le manteau était remplacé par une espèce de houppelande, sans manches ou avec des manches très-larges; puis un grand collet était adhérent à la houppelande. Ce collet était fort large et coupé carrément. Divers tableaux et tapisseries représentent François Ier et ses courtisans vêtus de pourpoints à basquines ou petites basques, et de pantalons à pied très-collants. Puis vint la mode de déchiqueter les pourpoints, les chausses, les souliers même, pour livrer passage à des bouffettes de rubans de couleurs vives. Les chapeaux en feutre noir étaient ornés sur les bords de plumes d'un charmant effet. Ce fut sous François Ier que l'on vit à la cour de France de grands artistes, appelés par ce roi, ami des lettres et des arts: le poëte *Clément Marot*, les jurisconsultes *Dumoulin* et *Cujas*, *Léonard de Vinci*, *Le Rosso*, *Benvenuto Cellini*, *Le Primatice*. A l'école de ces illustres artistes se formèrent d'habiles artistes nationaux : *Jean Cousin*, *Germain Pilon*, *Jean Goujon Philibert Delorme*, etc, etc.

Sous Henri II, le luxe dans les costumes prit de grandes proportions ; le 12 juillet 1549, ce roi rendit une ordonnance ainsi conçue :

« Que les gentilshommes faisaient des dépenses » excessives pour leurs draps et étoffes d'or et d'ar- » gent, pour filures, passements, bordures, orfèvre- » ries, cordons, cannetilles, velours, satins ou taffetas » barré d'or et d'argent, et que ces faits étaient scan- » daleux. »

Toujours la même histoire, mais qui ne change rien ou peu à l'ordre des choses.

Sous Henri II, le costume n'éprouva presque aucun changement; cependant, c'est sous son règne que commença la mode des *fraises de toile*, empesées et plissées, les *collets montés* et les *capes espagnoles*, qui durèrent jusqu'au dix-septième siècle.

Henri II fut, dit-on, le premier qui porta des bas de soie ; son chapeau ou bonnet était de velours ; ses haut-de-chausses, fort longs et bouffants, étaient rembourrés de crin, de bourre de laine ou de coton ; dans son costume d'apparat, ses haut-de-chausses étaient de satin blanc rayé d'or ; ses chausses et ses souliers également de satin blanc uni.

La bourse ou aumônière pendante à la ceinture était depuis longtemps en usage, et cette mode subsista longtemps encore après Henri III. Le règne de François II fut trop court pour amener de notables changements dans le costume. *Maillot*, l'historien, remarque qu'il était de bon ton, alors, d'avoir un gros ventre ; aussi les hommes que la nature n'avait pas gratifié d'un certain embonpoint, portaient, le croirait-on, des ventres postiches !... Certes, si la mode a des côtés étranges et bizarres, les ventres postiches peuvent passer, à bon droit, comme une des plus étonnantes débauches de goût qu'on puisse voir. Les costumes, sous Henri II, restèrent à peu près les mêmes qu'au règne précédent ; il n'y eut de changements que dans les manteaux. On continua bien de les faire amples et courts, mais les uns sans collet, les autres avec un capuchon échancré au-dessus du front ; les fraises prirent une extension ridicule. On en vit de presque aussi larges que les épaules.

Enfin, ce fut sous le règne de Charles IX que commença l'usage des culottes serrées aux genoux par un nœud de rubans. Le chapeau et la toque, soit de feutre ou de velours, étaient ornés de plumes qui faisaient le plus gracieux effet.

Charles IX, du reste, avait un profond dédain pour la toilette ; aussi voyait-il d'un mauvais œil ses courtisans, ses familiers, mettre des buscs à leur pourpoint, et se travestir en amazones dans les carrousels. Dès la seconde année de son règne, en 1561, il publia une ordonnance pour interdire aux femmes veuves l'usage de la soie. Deux édits, des 17 et 18 janvier 1563, proscrivirent les hauts-de-chausses enflés de crin, les chaînes d'or, les aiguillettes, les pièces d'orfèvrerie avec ou sans émail, plaques et tous autres boutons que ceux qui étaient nécessaires pour fermer les pourpoints, attacher les capes et garnir les bonnets. Enfin une autre déclaration, en date de 1567, règle les habillements de toutes les classes de la société. Les soieries ne furent plus permises que dans les Ordres, les toiles d'or et d'argent qu'aux princes, princesses, ducs, et duchesses. On prohiba le velours, les émaux ; les bourgeois ne purent plus porter des perles et des dorures qu'en patenôtres et en bracelets.

Depuis longtemps les réflexions à faire sur de pareilles prohibitions sont faites ; aussi nous nous abstiendrons de tout commentaire ; nous nous bornerons à dire seulement que les économistes, les penseurs ont tous été d'avis que de pareils édits ne pouvaient que porter un tort énorme à l'industrie, au commerce.

Mais la royauté, la noblesse tenaient à leurs priviléges. Heureusement, autres temps, autres mœurs.

Ce fut sous Charles IX que le commencement de l'année fut fixé au 1er janvier : l'année, jusqu'à cette époque, commençait à Pâques.

Henri III, à l'exemple de Charles IX, réitéra les lois somptuaires ; mais comment les eût-on observées, lorsque la cour affichait le faste et le luxe le plus extravagant ? On continua à porter le manteau ample et court, et des trousses tailladées. Au manteau on avait ajouté de grands collets, accompagnant une énorme fraise. Les pourpoints étaient collants ou très-amples ; ils étaient à la *Suisse*, découpés de balafres. On les chargeait de taillades, de crevés. Ceux qui tenaient à conserver une tournure civile et convenable se coiffaient de chapeaux dits à l'*Albanaise*, très-hauts et presque sans bords, ou de *Sombreros espagnols*, dont la large envergure ombrageait le visage. Toutes ces modes faisaient bien un peu crier; ce qui prouve que de tout temps les frondeurs n'ont jamais manqué, et quels qu'aient été nos us, coutumes et costumes, il s'est toujours trouvé des détracteurs, des esprits timorés, moroses et chagrins, qui, sous le prétexte de critique, blâmaient sans cesse les bonnes choses comme les mauvaises. Au dix-neuvième siècle, il en est encore ainsi.

Ce fut sous Henri III qu'eut lieu l'émouvant drame de l'assassinat du duc de Guise, par les Quarante-Cinq, troupe de gentilshommes attachés au service particulier du roi, et qui n'obéissaient qu'à lui. Le jeudi, 23 décembre 1558, pendant les états-généraux de Blois, le duc de Guise, se mettant à table pour dîner, trouva sous sa serviette un billet dans lequel était écrit : *Donnez-vous de garde, on est sur le point de vous jouer un mauvais tour.* L'ayant lu, il écrivit au bas : *On n'oserait.* « *Voilà*, dit-il, *le neuvième avertissement que je reçois aujourd'hui.* » Il se leva pour aller au conseil. On portait à cette époque, à ce que dit *Legrand d'Aussy*, une boîte suspendue à la ceinture, nommée *Drageoir*. Le duc de Guise en avait un en argent ; il venait de manger quelques prunes de Brignolles, il en mettait le reste dans son drageoir, quand le secrétaire *Revol* vint l'avertir que le roi le demandait. Ce fut en se rendant aux ordres du souverain qu'il fut attaqué, et ne put se défendre qu'avec la boîte d'argent qu'il tenait à la main, défense inerte devant les quarante-cinq épées d'assassins !!!!!

Le 30 décembre 1578, Henri III, trouvant que l'ordre de Saint-Michel devenait trop commun, créa l'ordre du Saint-Esprit.

Voilà à peu près tout ce que l'on sait de l'histoire du costume sous Henri III, qui, à sa cour, donna lui-même l'exemple d'un grand luxe et de mœurs efféminées, poussées à l'excès par des courtisans adulateurs et sans vergogne.

Sous Henri IV, le roi vert-galant, les vêtements subirent quelques changements. Henri IV, d'ordinaire, était mis fort simplement ; il détestait la représentation, et lorsqu'il y était contraint, il mettait un pourpoint agrémenté de broderies d'or; mais il ne quittait jamais son chapeau de feutre gris, orné d'un panache blanc, le *fameux panache historique*. Ce chapeau, par sa forme, devint une mode générale; il fut complètement adopté. Puis l'usage se propagea de séparer les chausses des bas, et de placer sur les genoux une jarretière à rosettes.

Un élégant, un fringant de la reine devait avoir une fraise ou rotonde très-roide, montée sur un carton, une écharpe blanche en sautoir, sur son pourpoint taillalé, un manteau court à l'espagnole, un haut-de-chausses à crevés, des bas-de-chausses collants en taffetas rouge et blanc. Puis on avait une sorte de vêtement appelé le *Gaban* ; c'était un manteau de feutre léger, à longs poils et à manches, dont on s'affublait pour se garantir de la pluie. A la campagne et par le mauvais temps, les hommes se couvraient aussi d'une casaque à capuchon, appelée ***Paletot***, mot dérivé, suivant les uns, du latin ***Palliolum*** (petit manteau), suivant les autres, de ***Pallium***, manteau, et de *tot*, qui signifie, en breton, chapeau, sans doute à cause du capuchon.

Sous Henri IV, on commença à porter des manchettes en toile de Hollande ; elles étaient tuyautées et se relevaient sur les manches du pourpoint. On portait aussi des bas et des souliers à talons haut et pointus ; le coude-pied était presque entièrement recouvert par un gros nœud de rubans. Les cavaliers, les hommes haut placés portaient des bottes molles, qui montaient au-dessus du genou, d'où elles retombaient sur le haut de la jambe.

VII.

SOMMAIRE : Le costume sous Louis XIII. La Cravate. — Le Canon. — Commencement des Perruques. — Le Costume du bourgeois. — Celui des paysans. — Création de l'Académie. — Poètes et philosophes. — Sœurs de charité. — Louis XIV. — Les Mémoires de Dangeau. — Le Roi-Soleil.— L'Habit à brevet.— Les Talons rouges. — Les Dentelles. — Colbert et l'industrie. —Louis XV. — Louis XVI.

Le costume, sous Louis XIII, s'éloigna insensiblement de celui du seizième siècle. Aux fraises succédèrent les *rabats*, les *collets* bordés de dentelles et les *cravates*, qui s'introduisirent en France pendant l'année 1693. Ce furent les cavaliers *Croates*, au service du roi, qui firent naître cette mode.

« La cravate, suivant la définition de *Furetierre*
» *Antoine*, est une espèce de collet que portent les
» hommes quand ils sont en habit de campagne ou en
» juste-au-corps ; elle se noue autour du ,cou et les
» deux bouts pendent fort bas dessous le menton. »

Suivant *G. Ferrario*, sous Louis XIII, les hommes portaient un pourpoint piqué juste-au-corps ; les uns avaient des manches pendantes et de larges culottes, d'autres portaient des fraises et des collets empesés se réunissant en pointes par-devant ou finissant carrément d'une épaule à l'autre. Le manteau descendait un peu plus bas qu'à mi-cuisse ; néanmoins le pourpoint à basques tendait à devenir l'habit moderne ; il s'ouvrait par-devant pour laisser paraître la chemise, dont les plis descendaient jusqu'à la ceinture. Les hauts-de-chausses, comme il est dit plus haut, étaient remplacés par une culotte flottante serrée au-dessous du genou par *un canon,* cercle ou jarretière d'étoffe frangée de dentelle.

Le chapeau était haut de forme, aux bords larges et rabattus. On commençait alors à en relever un côté que l'on fixa avec un bouton ; ce bouton était d'or ou d'argent ; quelquefois c'était une pierre précieuse. On portait des bottes qui formaient un long entonnoir, et à ces bottes on ajoutait, pour les cavaliers, de riches éperons. L'usage des dentelles dans les costumes masculins se généralisa et prit un grand accroissement. Le beau linge, les rubans, les nœuds d'épée, les gants, les bas de soie, les riches garnitures d'habits devinrent les accessoires obligés de la toilette des hommes. Ce fut sous Louis XIII que commença la mode des perruques, mode bizarre, gênante, sans harmonie et sans grâce, et qui cependant prit une grande importance sous le règne suivant.

Sous Louis XIII, le costume des bourgeois ne différait de celui de la noblesse que par le choix et la simplicité des étoffes ; ils ne portaient ni galons, ni plumets, ni bottes, ni éperons et très-peu de pourpoints tailladés ; encore ces derniers étaient-ils de couleur foncée. Leurs manches étaient simplement ouvertes par devant, depuis l'épaule jusqu'au milieu de l'avant-bras où elles se terminaient ; cette ouverture pouvait se boutonner peu à peu : cependant on a observé quelques gradations dans le costume des bourgeois ; mais elles ne consistaient que dans des étoffes mieux fabriquées, et voilà tout. Les paysans portaient ordinairement les cheveux courts, quelques-uns conservaient la barbe ; leur habit d'étoffe grossière descendait jusqu'à mi-cuisse, n'avait qu'une attache sur la poitrine, et le collet était en partie caché par le col de la chemise faite de grosse toile; les manches étaient aisées, couvraient la plus grande partie de l'avant-bras, et étaient généralement garnies d'un parement qui pouvait se boutonner. Leurs braies ou culottes assez amples, attachées au-dessous du genou, descendaient jusque vers le milieu de la jambe, qui était couverte d'une espèce de guêtre de toile; quelquefois ils portaient un couteau dans sa gaîne suspendu à leur ceinture. Cette coutume ne peut être considérée comme un port d'arme quelconque; c'était un usage fort inoffensif.

Les paysans portaient, au besoin, un manteau qui descendait jusqu'à mi-jambe; il avait un collet de trois doigts de large, qui se tenait relevé et pouvait se boutonner.

Ce fut sous Louis XIII que son ministre, le *cardinal de Richelieu*, qui tint une grande place dans l'histoire, créa l'Académie française, en 1635. Sous ce règne, la philosophie donna au monde *Descartes*, et la poésie dramatique enfanta *Corneille*, l'immortel auteur du *Cid*, en 1636, d'*Horace*, de *Cinna*, de *Polyeucte*, etc., les précurseurs du grand siècle qu'ils devaient illustrer à jamais, *Racine*, *Bossuet*, et tant d'autres grands noms. Mais ce que nous ne saurions omettre, c'est que c'est sous le règne de Louis XIII que vécut *saint Vincent de Paul*, le bienfaiteur et le protecteur de l'enfance, le fondateur enfin de cette admirable institution des *Sœurs de Charité*, ces anges dévoués, veillant sans cesse au chevet des pauvres malades. Cette fondation suffit pour illustrer un règne.

Le règne de Louis XIV opéra une révolution

totale dans les arts, l'industrie, la mode, les goûts des Français et de toute la nation. Ce grand siècle vit de nombreuses transformations dans le costume. On eut des modes étranges, un luxe et un faste inouïs, qui résistèrent à vingt-cinq ordonnances successives ; car, ainsi qu'aux règnes précédents, les exemples de la simplicité, de la modération, étaient loin de venir d'en-haut.

Citons, comme un fait intéressant, un passage des mémoires de *Dangeau*, l'historien du grand roi.

« Louis XIV était vêtu de velours de couleur plus
» ou moins foncée, avec une légère broderie et
» un simple bouton d'or ; il portait une veste de
» drap ou de satin rouge, bleu ou vert, fort ri-
» chement brodée. Il ne porta jamais de bagues ni
» de pierreries qu'à ses boucles de souliers ou de
» jarretières. Son chapeau était toujours brodé de
» points d'Espagne, avec un plumet blanc ; il était
» le seul de la maison royale ou des princes qui
» portât l'ordre du Saint-Esprit dessous l'habit,
» excepté les jours de mariages ou de grandes
» fêtes, où il portait l'Ordre par-dessus, avec des
» pierreries (*huit à neuf millions*). »

Tout le monde sait que Louis XIV fut le plus fastueux des monarques ; il aimait avec passion le luxe et l'élégance; il aimait aussi les éloges, les flatteries poussées même jusqu'à l'exagération. Il éprouvait une satisfaction fort grande à être, dans les poésies de l'époque, comparé au soleil. Il était entouré d'une cour brillante, fastueuse, et pour distinguer ceux qui jouissaient d'une faveur particulière, on créa les habits dits à *Brevet* ; la casaque était bleue, brodée d'or ou d'argent. La permission de porter cette espèce d'uniforme avait une grande valeur pour les hommes que la vanité mène. On portait aussi des casaques par-dessus le pourpoint, qui, lui-même était orné de rubans ; sur la casaque, passait un baudrier auquel pendait l'épée. On mettait une cravate ornée de dentelles, et, comme complément de ce gracieux costume, on avait le chapeau de feutre rond à larges bords, orné de plumes. Ce costume, d'une grande richesse, fut bientôt adopté dans toutes les Cours de l'Europe, et il devint presque général chez les bourgeois, à l'exception, cependant, des broderies précieuses et des plumes au chapeau, qui restèrent l'apanage des grands, soit par leur nom, soit par leur fortune. Au commencement du grand siècle, on se servait encore des *canons*, des *nœuds d'épaules*, des *galants* ou *rubans*, enfin d'une foule d'agréments, d'enjolivements, tous plus coquets, plus fantaisistes les uns que les autres.

L'habit qu'on nommait encore *Juste-au-Corps*, lorsqu'il était étroit, avait des passements aux manches, et des passes sur le côté ; il était ordinairement de drap d'Elbeuf, de Lodève ou des Andelys, enrichi de galons, de tresses de soie, d'or, ou d'une bande d'or, dite à la bourgogne.

Les bourgeois le portaient généralement noir, avec un manteau noir sans manches, et des souliers de feutre noir, ou de cuir, à bouts arrondis. Les courtisans rehaussaient leurs chaussures avec des talons rouges ; l'ancien pourpoint, qu'on plaçait sous l'habit, prit le nom de veste. La culotte était une espèce de haut-de-chausses, court, serré, où l'on attachait des bas, des canons, ou des *reingraffs*. Ce dernier ajustement était un énorme haut-de-chausses, attaché sur le genou avec des rubans.

Le règne de Louis XIV fut favorable à la mode des perruques, qui devint générale.

En dehors des hommes de génie qui vécurent au règne de Louis XIV, comme poètes, historiens, littérateurs, sculpteurs, peintres, etc., nous pourrions citer une longue et intéressante liste d'industriels remarquables; *Colbert*, le grand ministre, comprenait que l'industrie d'une natiou devenait un puissant levier pour le bonheur de toutes les classes de travailleurs; aussi attira-t-il en France, par des primes et des priviléges, les ouvriers étrangers renommés par leur habileté. Les soieries de Lyon, de Tours, les draps de Sédan, de Louviers, d'Abbeville, n'eurent bientôt plus rien à envier à aucune nation.

La manufacture des Gobelins fut et est restée sans rivale dans le monde; ses glaces l'emportaient sur celles de Venise. Toutes ces industries enfin, qui firent la gloire de la France, encouragées, soutenues, aidées par le génie de *Colbert*, placèrent bientôt le pays au premier rang des nations civilisées.

A la fin du siècle de Louis XIV, on essaya la rénovation des vêtements; mais ses métamorphoses ne s'opérèrent que sous le règne de Louis XV, son petit-fils. L'habit devint arrondi, brodé, garni de poches, soit en long, soit en travers; on y appliquait de larges boutons en soie ou en métal. La veste entr'ouverte, livrait passage à des jabots de dentelles ou de mousseline plissée. Le mot *culotte* s'était jusqu'alors appliqué à une espèce de haut-de-chausses, court et serré, où l'on attachait quelquefois des bas; mais la culotte proprement dite ne fut que le vêtement compris entre la ceinture et le genou. Sous Louis XV, les boucles d'argent, les talons rouges distinguaient la chaussure des gentilshommes de celle du vulgaire.

Une chose digne de remarque, c'est que toutes les modes, sous Louis XV, sont des symptôme d'inconstance et de frivolité. Pendant que des philosophes graves et railleurs prévoyaient et préparaient la révolution, le monde aristocratique semblait dire avec le roi : *Bah ! cela durera autant que moi !* Ce fut alors qu'on vit les nouveaux enrichis, les financiers, et beaucoup d'autres encore, déployer un luxe et une magnificence extrêmes : habits somptueux, carrosses splendides, chevaux d'un grand prix, maisons de ville et maisons des champs. Ils semblaient prévoir l'avenir et se hâtaient de jouir largement du bien-être que donne l'argent. Le peuple était presque étranger à ces transformations. La pénurie, la misère, l'abaissement de la classe inférieure contrastaient tristement avec le luxe de la cour ; les souliers de gros cuir étaient regardés comme un luxe par la partie misérable de la population, qui se trouvait heureuse lorsqu'elle pouvait avoir des chaussures à semelles de bois ; et presque partout on portait des sabots.

Au mois de mai 1716, l'*écossais* ***Law*** créait le papier monnaie et fondait une banque ; en août 1717, fut instituée la Compagnie des Indes-Orientales, et il obtint le privilége exclusif de cette opération. Tout le monde connaît ce que fut cette opération qui ruina tant de gens.

Sous Louis XV commença le mouvement intellectuel, qui marqua par un esprit d'innovation et de réaction contre les idées et les abus de l'ancienne monarchie. On proclama solennellement les grands principes de l'égalité de tous devant la loi, et de l'abolition de l'esclavage.

Les noms célèbres de cette époque sont nombreux : ***Voltaire***, mort en 1778, à l'âge de 84 ans ; ***Jean-Jacques Rousseau***, dit le philosophe de Genève;

Diderot, *d'Alembert*, *Montesquieu*, *Rollin*, l'historien, *Condillac*, *Fontenelle*, *Buffon*, *Lesage*, *Beaumarchais*, et d'autres encore, qui ont mérité que leurs noms soient transmis à la postérité.

Sous Louis XVI, les vêtements changèrent peu dans la forme. Quelques élégants faisaient broder leurs vestes de dessous, ou gilets, qui descendaient bas sur le ventre et avaient de larges poches ; les boutons des habits avaient quelquefois deux pouces de diamètre au moins; ils étaient peints, et plusieurs antiquaires de nos jours ont conservé de ses garnitures de boutons sur lesquelles on peignait souvent de ravissantes mignatures qu'on mettait sous verre.

Peu de temps avant la prise de la Bastille, un changement soudain s'opéra; les hommes adoptèrent l'usage du sévère habit noir et le chapeau à claque. Puis, chose bizarre, les Anglais, qui, pendant longtemps, avaient copié nos costumes, nous fournirent des modèles. On adopta bientôt leurs fracs étroits, leurs chapeaux ronds, leurs épées à poignée d'acier et leurs *Ridingcoats*, manteaux à triple collet qui, plus tard, furent appelés *Carricks*.

VIII.

SOMMAIRE : la Révolution. — Les drôles d'habits. — Les Chapeaux et la Cocarde. — Le Gilet à la Robespierre. — Encore des Sabots. — La Carmagnole. — Les Muscadins. — Le Consulat. — La Panne. — Le premier Empire. — Un costume disparate. — L'Ordre de la Légion d'honneur. — Charles X. — Comment s'habillait un dandy sous Louis-Philippe. — Les Tweds. — Plus de bas de soie. — Aujourd'hui.

La Révolution devait inévitablement amener de grands changements dans le costume. Plus de priviléges, plus de lois somptuaires ; chacun fut libre de s'habiller à son goût, à sa fantaisie ; on vit des modes bizarres acceptées largement par les deux sexes. Les hommes élégants se contentèrent de porter des *Habits* de drap cannelé ou à côtes , avec une doublure d'une couleur disparate. Ainsi, quand la surface de l'habit était jaune, rouge ou noire, la doublure en était bleue de ciel , verte ou blanche.. Les boucles de souliers, fort larges, se portaient en argent guilloché. Les souliers à talons rouges avaient disparu, l'épée était supprimée. Les chapeaux affectaient des formes bizarres, ils étaient pointus comme des pains de sucre et ornés d'une cocarde tricolore. Mais , à mesure que la Révolution progressa , les modes se simplifièrent. La suprême élégance , la parure , le luxe dans les ajustements étaient considérés comme un signe de royalisme ; cependant Robespierre osa seul conserver une certaine recherche élégante dans sa manière de se vêtir. En 1793, la parure des hommes consistait en un chapeau tricorne de feutre noir, une cravate négligemment nouée, un gilet rayé, à grands revers, dit à la *Robespierre*, une redingote longue de couleur brune, olive ou vert bouteille, une culotte de daim collante ou des pantalons flottants, des bottes à revers jaunes ou des souliers plats ; quant au peuple, il ne portait que des sabots.

La *Carmagnole*, ce vêtement légendaire, était une sorte de veste ronde, et qui prima inévitablement dans le grand mouvement populaire. La *Carmagnole* devint le costume habituel de la classe ouvrière.

Ce fut sous la Terreur que l'on vit les muscadins, ceux qui affectaient la suprême élégance de l'époque. Leur toilette consistait en un chapeau rond à larges bords, une cravate colossale, un habit décolleté à basques quadrilatérales, des bas de soie ou de coton chinés, des souliers évasés au bout pointu. Somme toute, tous ces changements ne constituaient réellement pas le bon goût ; mais on avait beaucoup d'autres choses à s'occuper : aussi la question du costume n'était guère placée au premier plan.

Le Consulat vit à son tour naître de singulières modes, surtout dans les costumes des hommes. Les élégants de 1803 mettaient deux, trois et même quatre gilets les uns sur les autres, des redingottes d'alpaga à *trente-six collets*, puis des bas de soie ou de grandes guêtres de nankin, ou enfin des bottes à revers jaunes, dites à la *Souvarow*. Ce fut à ce moment qu'on introduisit dans les vêtements l'usage d'une étoffe assez laide, la *Panne*, qui jusqu'à ce jour était l'apanage des chaudronniers et des porteurs d'eau endimanchés ; néanmoins, et pour donner quelque luxe à cette étoffe grossière, on la doublait de taffetas blanc, cerise et bleu, etc.

Après le Consulat, l'Empire ; on ne peut nier que

ce règne fut celui du mauvais goût. Il n'en pouvait être autrement; de plus grandes préoccupations agitaient les esprits ; les événements importants qui se succédaient rejetaient bien loin toute pensée puérile. La pacification de la Vendée, le rétablissement de la religion, la reconstitution de la magistrature, l'instruction publique réorganisée, enfin la fondation d'un ordre militaire et civil, la *Légion d'honneur*, qui fut établi pour récompenser tous les mérites, eut lieu en mai 1802. De ce qui précède, il est facile de comprendre que les modes devaient être un peu négligées.

La présence des alliés à Paris fit naître quelques fantaisies d'imitations burlesques dans les costumes. On porta des habits anglais, couleur *tête de nègre*, dont la taille était courte, mais, en revanche, les basques d'une largeur ridicule, de longs gilets à la *Cosaque*, des pantalons à la *Polonaise* à grands ponts, des bottines *Turques* en peau jaune. Les cavaliers portaient les bottes à la *Wellington* ; afin de mériter le titre d'élégant, il fallait, en 1818, pour achever ce costume, porter une cravate soutenue par des baleines, ce qui ne manquait pas d'être fort incommode, un chapeau de paille noir et des gants de coton blanc.

Ceux qui affectaient la suprême élégance sous Charles X, ceux enfin qu'on appelait les *Dandys*, portaient des redingotes à larges châles de velours, à boutons d'or, des sous-pieds à boutons de métal, des bottes pointues et des cravates de satin noir.

Sous Louis-Philippe, le costume des hommes devint moins prétentieux ; il devait en être ainsi sous cette monarchie bourgeoise. Les grandes redingotes, dites à la propriétaire, les cols de cou en nœuds figurés, les pantalons à carreaux, les paletots, les *Tweeds*, d'importation anglaise, les cols de satin noir même l'emportaient sur la cravate blanche dans les grandes soirées; les pantalons noirs s'impatronisèrent jusqu'à la cour du roi constitutionnel, aux dépens de la culotte courte et des bas de soie.

Toutes ces fantaisies ne peuvent donner lieu à aucun commentaire; si quelquefois le manque de goût se glisse dans la toilette, on ne manque jamais de répondre à une objection quelconque : C'est la mode!

Nous sommes arrivé à la fin de notre tâche. Ce que nous pourrions dire maintenant sur les vêtements est trop près de nous pour supposer que ce ne soit pas connu. Nous pensons que cette revue rétrospective sur les costumes à toutes les époques n'a point été sans intérêt pour le lecteur. Aujourd'hui, chacun est libre de s'habiller à sa fantaisie : plus de lois somptuaires ! La mode se diversifie à l'infini ; mais une chose qu'on ne peut nier, c'est que la grâce, le bon goût surtout, domine dans les vêtements actuels ; l'élégance est arrivée à son comble; chacun comprend la nécessité d'une bonne tenue, et nous pouvons ajouter, sans être taxé de chauvinisme, que toutes les nations civilisées sont devenues nos tributaires en fait de goût et de mode. Terminons en disant que, depuis le plus riche jusqu'au plus humble, tous peuvent, quels que soient leurs moyens, être mis avec soin. Cette heureuse fantaisie répand l'aisance et le bien-être parmi des milliers d'ouvriers, qui, eux aussi, peuvent se vêtir comme ils l'entendent. Cette considération ne manque pas d'importance aux yeux des économistes.

IX.

SOMMAIRE : L'Art de se vêtir au xixe siècle. — La Mode et la Fantaisie. — Les Vêtements actuels. — L'Art dans l'habit. — Les Vêtements confectionnés. — Leur Origine. — L'Initiative individuelle. — Les vieux Marchés. — Le Colportage. — La Vente au comptant. — Les grands Capitaux. — Les Manufacturiers. — La Concurrence. — L'Importance commerciale. — La Maison *des Phares de la Bastille*. — Les Magasins modèles. — Le Rayon des bébés. — Les Récompenses. — Le Commerce extérieur.

Pour terminer notre travail, ou du moins pour le compléter, il nous reste à parler, non des costumes actuels, dont les formes varient d'autant plus souvent qu'elles tiennent essentiellement à la mode et à la fantaisie, surtout au bon goût actuel, mais de ceux qui s'occupent spécialement de l'art de l'habillement.

Il est bien entendu que nous rejetons toutes mises excentriques, qui, nous pouvons le dire, ne viennent en France qu'importées par des originaux et ne sont jamais acceptées par la classe élégante.

Donc, se bien vêtir, bien s'habiller, est devenu une nécessité absolue. Ne faut-il pas suivre la marche de nos progrès en toutes choses? Aussi, répétons-le, bien s'habiller au dix-neuvième siècle, est plus qu'une profession, c'est un art, ardu, difficile, et dans l'exercice duquel nous pouvons dire qu'il y a beaucoup d'appelés, mais peu d'élus.

Nous voyons sourire les sceptiques, et ils trouvent sans doute que le mot ART, appliqué aux vêtements, est quelque peu prétentieux. Cependant nous sommes dans le vrai; car, dans le cours de cette modeste étude, on a pu se rendre compte des nombreuses transformations des costumes, transformations qui de tout temps ont excité l'imagination des chercheurs. Nous croyons, dès-lors, utile et intéressant de dire et de prouver que c'est à la création des maisons spéciales de vêtements confectionnés que l'on doit les progrès incontestables faits depuis une trentaine d'années dans l'art du tailleur et dans toutes les industries qui s'y rattachent.

Aujourd'hui l'industrie des vêtements confectionnés est devenue, en France, d'une importance remarquable ; de constants progrès ont rendu toutes les nations tributaires de nos fabricants. C'est à l'initiative de quelques hommes sérieux que nous devons la création et la fondation de maisons spéciales de vêtements confectionnés, création relativement récente, puisqu'elle ne date guère que de 1825.

Nous avons fait l'histoire du vêtement ; nous suivrons notre programme en montrant l'origine de la confection d'habillements. Il est probable que les tailleurs de Paris ou de la province, ayant chez eux des vêtements laissés pour compte, furent dans l'obligation de chercher à s'en débarrasser ; pour cela ils se mirent en relation avec des marchands spéciaux qui faisaient l'acquisition de ces vêtements, et ce, à bon marché, puis allaient de ville en ville faire ce qu'en commerce on nomme un *Déballage*. Les marchés du Temple, Saint-Jacques étaient le siége de cette industrie, qui, augmentant peu à peu d'importance, finit par alimenter tous les fripiers parisiens ; puis des colporteurs s'emparèrent de l'article et en essayèrent la vente sur une grande échelle et les placements en province.

Dès-lors commencèrent des transactions considérables en vêtements confectionnés, ce qui éveilla l'attention des marchands de draps, qui comprirent qu'en faisant eux-mêmes des vêtements confectionnés, ils trouveraient un débouché certain pour leurs produits ; c'était parfaitement raisonné, et bientôt on vit se fonder des maisons importantes et spéciales, se livrant exclusivement à la confection d'habillements pour hommes.

Au début, et comme dans bien des choses nouvelles, les confectionneurs eurent de la peine à faire prévaloir leurs produits; ils eurent à lutter contre les errements de la routine, de l'habitude, et, nous devons le dire, voulant surtout produire à bon marché, on était loin de la perfection; il fallut chercher, travailler pour obtenir des résultats concluants; c'est ce qui eut lieu, et bientôt le public, se rendant compte des avantages que lui présentait la confection, fit prendre à cette industrie une extension considérable qui depuis n'a fait que s'accroître de jour en jour.

Puisque nous parlons d'une industrie des plus sérieuses du commerce français, nous croyons devoir entrer dans quelques explications au sujet des avantages que trouve l'acheteur.

Le confectionneur vend au comptant et achète de même, c'est la seule différence qui existe entre lui et le tailleur. Notons en passant que nous ne parlons que des maisons de premier ordre. Donc, en vendant au comptant, elles peuvent vendre meilleur marché, faire bénéficier le client de l'intérêt de l'argent ; de plus, la multiplicité des produits, les nombreux débouchés intérieurs et extérieurs permettent de se contenter d'un bénéfice minime, mais qui, largement multiplié, donne des résultats sérieux.

Puis viennent les opérations des achats en gros qui, s'opérant avec de grands capitaux, s'effectuent sur place, dans les centres manufacturiers, sans aucun intermédiaire ; là encore se trouvent des économies.

Un vieil adage commercial dit : ***La concurrence est l'âme du commerce.*** Cependant, quels que soient les avantages que l'on puisse trouver dans la concurrence, elle offre parfois certains abus; c'est ce qui arriva pour l'industrie des habillements confectionnés. Des maisons inhabiles, mal inspirées, lancèrent dans la consommation des vêtements établis avec des étoffes de qualité inférieure; les coupes, la main-d'œuvre étaient négligées, imparfaites; dès-lors la confection d'habillements tomba dans le domaine de l'extrême bon marché, la classe élégante renonça à s'en servir et revint au tailleur. Nous ne voulons pas, ici, porter l'ombre de la plus petite atteinte à la considération du tailleur, loin de là; car nous pouvons ajouter et dire avec franchise que les deux professions peuvent marcher de pair sans se nuire; la seule différence est dans la production beaucoup plus grande. La confection a étendu ses travaux dans d'immenses proportions, son commerce extérieur s'accroît chaque jour davantage. Ceci n'a rien qui puisse étonner. Paris n'est-il pas le centre où l'on rencontre sans cesse tout ce qu'il y a d'élégant, de luxueux et de bon goût? Dans tous les pays, on suit avec attention nos modes, quelque bizarres qu'elles soient, et cela depuis longtemps, comme on a pu le voir dans le cours de cet ouvrage.

En examinant avec attention l'importance commerciale de l'industrie des vêtements confectionnés, elle est des plus considérables. Toutes les industries qui s'y rattachent ont subi depuis quelques années une immense progression. Les manufactures de draps, de soies, de toiles, de boutons, etc., etc., ont triplé le chiffre de leurs affaires; ajoutons à cela le personnel nombreux d'ouvriers, d'employés, et on pourra se rendre compte que l'industrie des vêtements confectionnés est une des premières et la tête du commerce français, dont le centre est à Paris.

A l'origine, aux débuts de l'industrie, on s'était surtout attaché à fournir la classe ouvrière. L'idée était excellente et a profité largement, car la blouse, l'antique vêtement gaulois, est restée spécialement affectée au travail : dans toute autre circonstance, le travailleur s'habille convenablement, et il a compris l'importance de la tenue ; c'est un progrès sérieux dû tout entier à la création de l'industrie qui nous occupe et que nous recommandons à l'attention des économistes et des observateurs.

On a pensé aux travailleurs d'abord, c'était de toute justice ; mais tout ne s'arrête pas là, il fallait aussi songer aux autres classes de la société et les faire également bénéficier des avantages d'une industrie des plus sérieuses. C'est alors que se fondèrent des maisons qui, sans s'astreindre entièrement à la confection des vêtements bon marché, surent néanmoins se plier à toutes les exigences, et où les vêtements, moins chers que chez les grands tailleurs, réunissent néanmoins toutes les qualités exigibles : beauté des étoffes, coupe élégante, toujours au dernier goût, main-d'œuvre, qui, payée son prix, ne laisse rien à désirer.

Pour arriver à créer des maisons de ce genre, que fallait-il ? L'initiative individuelle dont nous parlons plus haut et à laquelle l'industrie française est redevable de tant de choses utiles et fécondes.

La création de ces maisons, qui était d'abord une innovation, est devenue une véritable nécessité. Il est de l'essence de tout mouvement de toujours progresser; avec le nivellement successif des conditions, les différences des vêtements devaient s'effacer peu à peu.

Autrefois, rien qu'à la tenue on reconnaissait l'individu ; l'ouvrier ne s'habillait pas comme le petit bourgeois, et celui-ci ne portait pas les mêmes habits que le gros négociant ou le grand industriel ; mais l'égalité s'est imposée ici comme ailleurs.

A Paris un fait tout particulier a contribué à ce résultat en faisant naître le besoin du confortable, l'instinct du luxe; c'est la démolition de tant de vieux quartiers transformés, rajeunis, réédifiés et remplacés par des voies aérées, des places spacieuses et magnifiques.

Au milieu des anciennes ruelles sombres, humides, un vêtement pauvre paraissait tout naturel : l'homme qui vit dans des demeures nues, tristes, s'habitue au négligé de la tenue; mais au milieu d'un quartier neuf, brillant, dans une demeure claire, aérée, gaie, la décence dans l'habillement s'impose d'elle-même.

La reconstruction de Paris a donc précipité le mouvement et généralisé le goût des choses élégantes, le besoin du confort; quand les quartiers pauvres disparaissent, il ne peut plus y avoir d'habitants pauvrement vêtus ; il faut une mise convenable.

Nous ne prétendons pas, bien entendu, qu'il faille dédaigner la blouse : elle restera l'uniforme d'honneur du travail; mais quand le labeur du jour ou de la semaine est terminé, l'ouvrier aime à revêtir des habits en rappot avec sa valeur d'homme intelligent et d'un membre digne de la cité qu'il habite.

Et ce n'est pas une oiseuse question de vanité personnelle, une coquetterie malséante pour l'homme sérieux ; c'est, au contraire, un point important de moralité pour le citoyen des classes laborieuses, travailleur, chef d'atelier, ou négociant. Une mise convenable est l'indice infaillible que le travailleur a le sentiment de sa dignité; elle est en même temps une garantie d'habitudes d'ordre, d'économie et d'estime de soi-même, le meilleur moyen pour arriver à celle des autres.

Cette recherche est un besoin légitime que les industriels ont tant d'intérêt à satisfaire, en mettant le luxe, l'élégance et le confort à la portée de toutes les bourses.

C'est cette considération qui a guidé les fondateurs du nouvel et grand établissement de confection et d'habillement des *Phares de la Bastille*, installé dans les vastes bâtiments qu'on vient d'élever sur la partie ouest de la place de la Bastille.

Les propriétaires de la maison des *Phares de la Bastille*, en ouvrant un aussi colossal établissement, au milieu de ce quartier populeux, ont voulu exclusivement s'adresser à la nombreuse classe des travailleurs et à celle de la petite bourgeoisie ; ils ont voulu que dans leurs immenses magasins, vrai centre du quartier, chacun pût trouver le vêtement conforme à ses goûts et à ses moyens.

Pour fonder une entreprise aussi considérable avec d'infaillibles chances de succès, une condition était nécessaire ; il fallait ne mettre en vente que des articles d'excellentes qualités sans exception.

Il ne s'agit point ici, en effet, d'effectuer les ventes dans n'importe quelles conditions ; les propriétaires des *Phares de la Bastille* tiennent, avant tout, à faire de chaque acheteur un client attaché à la maison et qui y revienne constamment, et qui, par cela même sera traité plus favorablement ; ce n'est point une tentative passagère fondée sur les seuls bénéfices du moment ; mais c'est une entreprise calculée sur une longue série d'opérations offrant tout avantage au client. Le bail est fait pour vingt-cinq ans ; l'acheteur peut donc être assuré d'avance qu'on ne lui fournira que des articles de premier choix.

Restait à résoudre la question du bon marché allié à la bonne qualité du vêtement, aux soins donnés à la coupe, à la confection.

Les propriétaires des nouveaux magasins des *Phares de la Bastille* ne se sont pas dissimulé la nécessité de vendre au meilleur marché possible. C'était la première condition de succès avec le public nombreux dans l'intérêt duquel ils ont créé leur maison. Voici comment ils ont résolu le problême.

Ils ne se sont pas bornés à offrir à l'acheteur ce qu'on appelle généralement le *vêtement*, c'est-à-dire les objets exclusivement fabriqués par le marchand-tailleur ; ils y ont joint de nombreux rayons contenant tout ce qui constitue et complète la toilette de l'homme, de l'adolescent et de l'enfant ; à côté des rayons d'habillement proprement dit, on en trouvera d'autres consacrés à tous les produits des industries suivantes : chaussure, chapellerie, chemiserie, bonneterie, cravates, etc., etc.

Les avantages de cette combinaison sont faciles à saisir. En réunissant dans leur immense établissement toutes ces spécialités, les propriétaires des *Phares de la Bastille* augmentaient à coup sûr et considérablement leur chiffre d'affaires.

Le marchand de confection ordinaire en ne vendant à son client qu'un nombre d'articles très-limité, ne peut livrer sa marchandise au-dessous d'un chiffre donné. Dans les magasins des ***Phares de la Bastille***, au contraire, le bénéfice strictement indispensable prélevé sur l'acheteur se répartira sur un plus grand nombre d'objets ; le client achetant en même temps non-seulement les habits, mais la chaussure, la coiffure, etc., chaque article pourra lui être cédé dans des conditions supérieures à celles que lui offrent les maisons spéciales à chacun de ces objets ; en un mot, la maison des ***Phares de la Bastille*** vendra meilleur marché parce qu'elle vendra une plus grande quantité d'articles au même client.

Mais ce n'est pas là le seul avantage que le client retirera de cette réunion de toutes les spécialités du vêtement. Il y trouvera encore l'économie de temps ; au lieu d'employer des heures à voir les différents industriels, au lieu de courir d'un magasin à l'autre, le client peut en une seule fois acheter les différents objets dont il a besoin. Sa toilette en profitera autant que sa bourse ; les approvisionnements réunis dans les magasins des *Phares de la Bastille* sont faits de façon à ce que l'acheteur puisse toujours trouver des toilettes parfaitement assorties ; de sorte que chaussure, coiffure, habillement forment un ensemble, un tout, aussi bien réglé sous le rapport du prix que sous celui de la qualité et de l'élégance.

On peut donc hardiment affirmer qu'il n'est point d'établissement qui offre au client autant d'avantages réunis que celui des *Phares de la Bastille*. Par un heureux concours de circonstances, et grâce aux conditions dans lesquelles est fondée cette colossale maison, l'intérêt de l'acheteur se confond avec celui des propriétaires; ces derniers ont autant à gagner que les clients à ce que celui-ci soit traité avec tous les avantages qu'il est possible de lui offrir. Mais là ne se bornent pas les combinaisons avantageuses réalisées par les fondateurs des *Phares de la Bastille* dans l'intérêt de leur clientèle. Les Anglais ont trouvé le mot : *le temps, c'est l'argent*: c'est là une vérité que les Français comprennent très-bien aujourd'hui et qu'on a cherché à mettre en pratique dans l'organisation tout exceptionnelle des nouveaux magasins des *Phares de la Bastille*. Tout a été disposé de façon à ce que l'acheteur voie du premier coup d'œil ce qui lui convient, afin de dépenser le moins de temps possible. Voici les rayons contenant les articles de travail et d'usure, exigeant avan-

... de la solidité et une longue durée; voici les gale... destinées spécialement aux vêtements; ici les as...ments sans nombre de la chapellerie, de la bon...rie. En face, toutes les variétés de chemiserie, ...ravates, de chaussures. D'un côté les vêtements ...faits; en face le salon d'essayage pour les habil...ments sur mesure; au-dessus, les articles spéciale...ent destinés aux enfants; plus loin les rayons des ...jets calculés pour la taille des adolescents; enfin cha...que objet, chaque article, chaque spécialité placé et ...posé de façon à s'offrir de lui-même aux yeux du ...ent à mesure qu'il fait ses achats. Un autre mo... de gagner du temps, c'est l'adoption d'un *prix fixe* ...révocablement invariable et marqué sur chaque ob... en chiffres connus; l'acheteur, à la première inspec...on, sait pertinemment que tel objet est coté à tel chif...; inutile de perdre son temps à marchander.

L'économie de temps n'est pas ici le seul profit ... client a encore un autre avantage !

En venant s'approvisionner aux *Phares de la Bas...lle*, il peut fixer d'avance et à un centime près, tout en ...ant librement son choix, le chiffre de la dépense qu'il ...veut pas dépasser. Il n'est pas exposé ainsi, comme ...rive trop souvent, à se laisser entraîner successi...ent, en marchandant les objets, à outre-passer la ...me qu'il s'était proposé de dépenser et à regretter ... sorte de surprise après avoir fait ses acquisitions.

...s fondateurs des *Phares de la Bastille*, compre... le prix du temps quand il s'agit des travailleurs, ... organisé un service spécial pour expédier à do...cile tous les articles vendus.

Une dernière question très-importante a longtemps ...cupé l'attention des fondateurs des *Phares de ...astille*; c'est la question du dimanche. Fallait-il oui ou non, fermer les magasins le dimanche ? Certes, la situation de l'employé préposé à la vente est digne de tout intérêt, et il est juste que le commis, après avoir travaillé toute la semaine, trouve quelques heures de repos le dimanche. Mais il y avait ici en jeu un intérêt tout aussi respectable : c'était celui du petit négociant, du chef d'atelier, du contre-maître, de l'ouvrier, de l'employé, du petit industriel, retenus toute la semaine par la tâche quotidienne, et qui n'ont que le dimanche pour traiter leurs affaires personnelles, pour leurs achats, etc...

Après avoir mûrement réfléchi, les fondateurs des *Phares de la Bastille* ont trouvé une combinaison qui, tout en laissant périodiquement et tour à tour à leurs employés les heures de liberté du dimanche, a permis de tenir les magasins ouverts ce jour-là jusqu'à six heures du soir. Cette mesure était nécessaire surtout pour un établissement créé exclusivement en vue des besoins des populations laborieuses des quartiers de la Bastille. Elle complète heureusement une organisation commerciale qui permet à tout travailleur, à tout industriel, de trouver tous les objets dont il a besoin immédiatement, sans perte de temps, à son heure et dans les meilleures conditions de bon marché et de bonne qualité. Cette organisation assure aux fondateurs des *Phares de la Bastille* des clients sans nombre dont chacun profitera en particulier de l'empressement général à venir s'approvisionner dans une maison modèle sans exemple, sans précédent et sans pareille.

Roanne. — Typ. et Lith. FERLAY, cours Persigny.

:es,
;ne
rès
et.-
jeu
.du
tre,
ete-
et
res

des
qui,
urs
mis
six
out
des
de
sa-
out
oin
et
de
la-
bre
ent
no-
lle.

Roanne, Typ. E. FERLAY. — Paris, passage Saulnier, 17.

www.ingramcontent.com/pod-product-compliance
Ingram Content Group UK Ltd.
Pitfield, Milton Keynes, MK11 3LW, UK
UKHW022122260726
13993UKWH00003B/1166